JN440411

도두머리에서 천국을 사는 사람들

김주석 편저

열린출판사

도창교회 평신도가 쓴 20년 교회사
도두머리에서 **천국**을 사는 **사람들**

엮은이 / 김주석
펴낸이 / 김윤환
펴낸곳 / 열린출판사

1판 1쇄 펴낸 날 / 2013년 12월 15일
등록번호 / 제2-1802호
등록일자 / 1994년 8월 3일
주소 / 서울 중구 인현동2가 192-20 정암프라자 504호
전화 / (02) 2275-3892　　팩스/(02) 2277-6235

ISBN 978-89-87548-75-3　　03230
값 12,000원

도두머리에서
천국을 사는 사람들

목 차

소명과 성화의 은혜

변화와 헌신의 은혜

회복과 살림의 은혜

발간사

모든 것이 다 하나님의 은혜입니다.

김 주 석 목사 도창교회 담임

어느덧 20년이 되었습니다.
10년이면 강산이 변한다고 했는데 강산이 두 번 변할 시간입니다.
지난 시간들을 돌아보니 그저 감사할 뿐입니다.

1993년 3월 14일 주일 오후 백승학 장로님 댁 앞마당에서 도창교회가 시작이 되었습니다.
그리고 그해 5월 빌린 땅에 조립 30평의 교회를 지어 첫 예배를 드리고 1998년 4월 19일에 지금의 제 2 성전을 봉헌하고 오늘에 이르렀습니다.

돌이켜 보면 하나님의 섭리였습니다.
도창동 개발에 맞추어 창립 40주년 기념교회를 세우기로 한 매화교회가 도창동 3속을 분가시켜서 도창교회를 세웠습니다.
백승학 장로님을 중심으로 개척 성도들의 헌신으로 1년 만에 자립하고 꾸준한 성장을 이어 재적 200명의 교회가 되었습니다.

도창교회는 개척초기부터 철저히 지역을 섬기는 교회입니다.
지역 개발 이전부터 주부 대학, 한글학교, 부부 세미나, 유기농 견학 등을 통해 지역을 섬겼으며 개발 이후 도창중앙선교원, 도창복지문화센터, 우리 마을 작은 도서관, 도두머리 청소년 공부방, 매화꽃 어린이 사생대회 및 청소년 백일장, 사랑의 포도 나누기, 도두머리 음악회, 사랑의 쌀 나누기, 사랑의 김장 나누기, 외국인 한글학교, 매화 봉사상, 호조벌청소, 효사랑 나눔 잔치 등 다양한 모습으로 세상을 섬겨 오고 있습니다.

또 케냐의 김완영 선교사, 캄보디아의 버싸엣 교회 샬롬 하우스 봉헌과 캄보디아 선교 그리고 필리핀 정찬선 선교사 외 8명의 협력선교사들과 세계 선교를 후원하고 엘림 요양원, 시흥 YMCA, 새오름 호스피스, 시흥시 자원봉사단체협의회 등과 협력 사역을 하고 있습니다.

우리는 살아 계신 하나님께 온전한 예배를 드리며, 영혼을 구원하고, 구체적으로 구제의 사랑을 실천하는 건강한 교회를 소망합니다.

우리는 하나님의 말씀 안에 성결한 교회
예수님의 사랑을 나누는 따뜻한 교회
성령 충만함이 생활 속에 나타나는 즐거운 교회를 이루기를 원하며 그래서 세상을 사랑하고 섬기는 세상 가장 아름다운 교회를 꿈꿉니다.

창립 20주년을 맞아 성도들의 신앙 간증집을 엮게 되어 감회가 새롭습니다.

각자 지금까지 신앙생활을 하는 동안 경험한 주님의 은혜를 고백하는 것은 은혜를 주신 주님께 감사하는 또 다른 표현입니다.

바라기는 우리 모두의 신앙이 지난 과거의 은혜를 넘어 날마다 새롭게 만나는 은혜이기를 소원합니다.

다시 한 번 오늘이 있기까지 살아 계신 하나님과 매화교회 그리고 세분의 장로님과 성도들의 사랑 헌신에 다시 한 번 감사를 드리며 모든 영광을 하나님께 돌립니다.

신실한 하나님의 사람되기 원하는
도창지기 김주석 목사

축 사

도창교회는 참으로 고맙고 자랑스러운 교회

어 항 용 목사 매화교회 담임

먼저 도창교회 창립20주년과 기념간증집 발간을 매화교회 온 교우와 함께 진심으로 축하드리며 하나님께 영광을 올려 드립니다.

저희 매화교회의 입장에서 보면 도창교회는 참으로 고맙고 자랑스러운 교회가 아닐 수 없습니다.

1993년 매화교회 창립 40주년 기념교회로 같은 지방에서도 같은 마을에 교회를 세우면서 참으로 많은 기도와 관심을 가지고 지켜봤습니다.

첫 출발 당시 백승학 장로님을 비롯한 몇 가정들이 당시 담임인 김주석 전도사와 마음을 합하여 아름다운 교회를 이루어가는 모습을 보며 내심 흐뭇하고 감사했습니다.

창립 20년만에 우리 지방에 중견교회로 자리매김하고 마침내 많은 선교지와 지역사랑에 모범적인 교회로 칭송받고 있어 매우 기쁘게 생각합니다.

김주석 목사님과 사모님의 헌신적 목회일념과 장로님들을 비롯한 온 교우들의 적극적인 하나님 사랑, 교회 사랑이 일구어낸 복된 결실이라고 생각합니다.

김주석 목사님과 도창의 가족들에게 마음으로 축하와 격려를 보냅니다.

특히 이번에 교회 20년사를 교인들의 창립20주년 전교인간증특별새벽기도회에 고백한 하나님 은혜에 대한 간증을 모아 교회사로 엮는다는 소식을 듣고 또 한번 놀랐습니다.

하나님이 도창교회를 참 많이 사랑하고 계시다는 부러움이 생기기도 합니다.

하지만 도창교회는 현재에서 만족하지 않고 좀 더 지역선교 세계선교를 위해 쓰임을 받아야 겠습니다.

지금까지 그러했던 것처럼 앞으로 20년 아니 50년 100년 200년 이후에도 하나님을 사랑하고 이웃을 사랑하는 아름다운 신앙을 지키며 많은 이에게 복음의 영향을 끼치는 복된 교회가 되길 소망합니다.

또한 이 책이 도창교회 성도들 뿐 아니라 이웃교회 전국 많은 교회에 좋은 도전을 주는 책이 되길 바랍니다.

다시 한번 축하드리며 지금까지 함께 하신 하나님의 은총이 영원히 함께 하시길 기도합니다.

2013년 11월

어항용 목사

축 사

사도행전적 교회를 이루어가는 도창교회

김 동 환 목사 (Ph.D)
웨슬리목회연구원 원장

도창교회가 올해로 설립 20주년을 맞아 평신도가 쓴 교회사를 발간한다는 참으로 놀랍고 기쁜 소식을 접했습니다.

목회자 중심, 건물 중심의 교회사가 아닌 성도들의 간증을 통해 교회 20년사를 정리한다는 것은 매우 사도행전적 교회사라고 생각합니다.

또한 이렇게 아름다운 교회를 이루어가는 것이 바로 존 웨슬리 목사님이 꿈꾸던 교회의 모습이 아닌가 생각도 하게 됩니다.

제가 도창교회와 인연을 맺게 된 것은 1995년 초입니다. 저와 도창교회의 관계는 도창교회가 태어난 시점인 셈이지요. 그렇기 때문에 저는 20살짜리의 청년으로 성장해 가는 과정을 지켜 본 산 증언자라 할 수 있을 것입니다.

저는 먼저 불과 몇 가정으로 시작한 교회가 지금의 든든한 교회로 성장한 것에 대해 놀라움을 금치 못합니다. 도창교회가 개척될 무렵 제가 파악했던 개척교회 정착율(개척교회가 자립교회로 성장한 비율)이 불과 5%였던 것으로 기억합니다. 다시 말해 100개의 교회가 개척될 때 5개의 교회만이 자립교회로 성장할 수 있다는 통계입니다. 이런 시기에 개척된 도창교회가 자립된 교회가 될 뿐 아니라 다른 교회를 돕는 교회로 성장한 것은 매우 경이로운 사건이라 평가하지 않을 수 없습니다.

저는 또한 도창교회의 이 같은 성장이 교회의 내적 성숙과 더불어 이루어졌다는 사실에 더욱 놀랍니다. 지금까지 지켜본 도창교회는 과도하다 할 정도로 이웃을 헌신적으로 섬겨 왔습니다. 주변의 사람들 중에는 이 에너지를 영혼을 구하는 전도에 사용한다면 더 많은 성장을 할 것이라 말하는 이들도 있었습니다. 그러나 도창교회는 하나님사랑과 이웃사랑을 분리하지 않고 빛과 소금이 되라는 주님의 말씀을 실천하는 길을 묵묵히 걸었습니다. 그 결과 도창교회는 '기도와 구제가 하나된 교회' 곧 '믿음과 삶이 하나인 교회' 로 성숙해 갔습니다.

도창교회, 저는 이 교회가 '믿음과 삶의 실천이 하나되어 성장하는 교회' 라 담대히 증언할 수 있습니다. 저는 이 같은 교회의 모습이야말로 하나님께서 바라시는 교회의 참된 모습이라 확신합니다.

도창교회의 교우여러분, 여러분과 오랜 세월 때로는 옆에서 때로는 함께 지내온 증언자로서 여러분을 향한 주님의 음성을 듣습니다.. '잘하였도다 충성된 종아'

형제자매 여러분을 주님의 사랑으로 권합니다, 이 선한 일을 행하는데 지치거나 포기하지 마십시오. 더욱 귀한 하나님의 나라의 열매가 여러분을 기다립니다. 이 열매는 여러분에게 주어질 선물일 뿐만 아니라, 나아갈 방향을 상실하여 고통스러워하는 많은 다른 교회에는 귀한 소망의 소식이 될 것입니다.

2013년 11월

냉천동에서 김동환 목사

축 시

봄이구나 꽃을 보아라

– 도창교회 스무살 생일을 맞아

김윤환 목사 (시인/은강교회)

봄이구나 꽃을 보아라
어둠을 이기고 언 땅을 이기고
하늘로 이마를 내 놓은 봄꽃
참 곱지, 참 향기롭지, 참 신기하지

잠잠히 내려다보면
땅속에 흐르던 물이며
수맥 옆 작디작은 생명들의 죽음이
그 꽃을 세상 밖으로
피워 올린 것 아니겠니

얘들아, 너희들도
이 캄캄한 세계를
얼어붙은 세상을 이기고
이만큼 피었구나
부활의 신비로 오는 봄꽃들처럼
너희들의 빛나는 이마가

이제는 꽃이 되어
하늘의 별들과 노래하고 있구나

그래, 하늘을 보았다면
이제 네가 피어난 그 자리 그 옆을 보렴
너는 피었고, 네 친구는
너의 그늘에 울고 있지는 않니
그 빈자리 씨알 하나 내려 보렴

내가 너에게 허락한
한 나무의 던져짐[1]같이
너도 네 몸을 쪼개어
그 아래 생명수가 흐르게 하렴
그리하여 네 곁에도
너처럼 고운 꽃이 만발하게 해 주렴.

각주 : 1) 성경 출애굽기 15장 25절

21세기 사도행전 교회를 꿈꾸며

- 이야기로 풀어쓴 도창교회 20년

예수님의 부활 승천 후 복음은 예루살렘에 머물러 있었다.

그러나 스데반 집사의 순교 이후 초대교회에 닥친 위기는 복음을 열방으로 흩어 놓는 기회가 되었다. 위기가 선교에 기회가 되었다.

그 이후 복음은 유대인들만의 전유물이 아닌 세계민의 은총의 수단이 되었고 세기를 넘고 넘어 한국 그리고 시흥시를 그리고 매화동에 씨를 뿌렸다.

매화동이 도시화에 하면서 성장한 매화교회는 1992년 12월 당회에서 창립 40주년 기념으로 도창동에 기념교회를 세우기로 결의하였다. 그리고 이듬해 백승학 장로 가정을 중심으로 도창동 3속을 분가시켜서 도창동 현 도두머리 지역에 도창중앙교회를 개척하였다.

당시 도창동은 매화동의 인접한 곳으로 대단위 아파트 단지가 조성될 계획이 추진되고 있어 이에 지역선교를 선점하는 차에서 지 교회를 세우기로 한 것이다.

교회 개척이 진행이 되면서 초대 담임자로 매화교회 출신인 김주석 전도사가 파송 되었으며 1993년 3월 14일 주일 오후에 백승학 장로 집 앞마당에서 창립 예배가 드려졌다.

그리고 5월 첫 주일 백창흠씨 댁 땅을 임대해서 조립 30평의 교회를 짓고 정식으로 첫 예배를 드렸다. 이렇게 해서 주님의 교회인 도창중앙교회가 세워졌다.

도창중앙교회는 전례가 없는 창립한지 1년 만에 자립교회로 성장했다.

개척교회가 1년 만에 자립교회가 될 수 있었던 것은 개척의 형태가 특별했기 때문이다.

매화교회의 도창동 3속을 분리해서 개척이 되었기 때문에 어느 정도 안정된 개척 성도들이 큰 힘이 되었다. 그리고 천천히 그러나 쉬지 않고 성장해서 장년 재적 200명이 넘는 교회로 성장하며 20주년을 맞이했다. 그러나 사실 이상에서 소개한 표면적인 개척과 성장이면에 숨길 수 없는 하나님의 은혜가 있다. 그것은 다름 아니라 '하나님의 섭리' 라는 것이다.

그것은 다름 아니라 한 여인의 오랜 기도의 응답이었다는 것이다.

바로 작년에 소천하신 고 김영남권사이다. 권사님은 믿음의 불모지인 도두머리 백씨 가문에 시집와서 모진 핍박에도 불구하고 믿음생활을 놓지 않으셨다.

특히 비가 오나 눈이 오나 옆 마을 매화교회에 고개하나는 넘나들며 다니시면서 한 가지 소망을 품고 기도하셨다. 그것은 바로 "하나님 우리 마을에도 교회를 세워주세요."

그 기도가 수 십 년 쌓여서 드디어 1993년 3월 14일 당신 집 앞마당에서 예배를 드리게 되었다. 권사님은 집 뒤란에 있는 기도 굴에서 하나님께 아뢰셨다.

"교회를 세워 달라."고 그리고 기도의 응답으로 도창교회가 세워졌다. 그러고 보면 도창교회는 분명 한 여인의 끈질긴 오랜 기도의 터 위에 세워진 아름다운 교회이다. 그러므로 매화교회나 개척성도들이 다 하나님의 뜻이 이루어지는 도구로 쓰임을 받은 것이며 그래서 모든 영광을 하나님께 돌린다.

그래도 감사한 것은 도창동에 교회를 세우는 하나님의 뜻에 순종해서 교회를 세운 매화교회와 도창속의 개척성도들의 거룩한 헌신에도 찬사를 보낸다.

아무리 하나님의 뜻이라 해도 순종하는 이가 없다면 이루어질 수 없기에 개척과 개척자의 소명에 순종한 이들로 인해 하나님의 뜻이 이곳에 이루어졌다.

성전 건축의 은혜

이어서 성전 건축에 관한 은혜를 나누면 다음과 같다.

백창흠 어르신의 밭을 임대해서 조립 30평의 교회로 시작된 교회는 고대하던 아파트가 입주하는데도 아무런 행동을 취하지 못할 정도로 연약했다.

아니 성전 대지 구입이나 교회 부흥이전에 가장 먼저 드린 기도가 "2000년 독자적인 선교사를 파송하게 해 주세요."였다. 막연하게 독자적인 선교사를 파송할 정도에 교회 성장을 꿈꾸고 드린 기도이지만 실상은 성전건축에 대한 꿈도 기도도 드리지 못했다.

그러던 중 1996년 봄 새벽제단에 흰 봉투가 올려져 있었다.

엘림양로원에 첫 입소자로 교회에 오신 이동순 권사님이 드린 예물이었다.

봉투에는 일반 감사헌금이 아니라 선명하게 써있었다. "대지헌금"이라고 대지헌금에 대한 생각을 아무도 하지 않고 있을 때 하나님은 생활에 전부인 두렙돈을 드린 여인을 준비해 두셨다. 바로 이동순 권사님이셨다. 권사님의 대지헌금이 씨앗이 되어 성전대지 구입에 꿈을 꾸고 기도하기 시작했다. 그 때 우리의 기도제목은 "하나님 도창동에서 가장 좋은 땅을 주세요" 였다. 그해 10월 현재 성전부지인 도창동 361-2, 3번지, 85평을 구입했다.

나중에 알게 된 것이지만 방앗간 터인 이 땅이 우리 마을에서 공시지가가 가장 비싼 땅으로 하나님은 우리의 기도대로 응답해 주셨으며 1997년 11월에 IMF금융위기와 함께 성전 건축을 시작 1998년 4월 19일에 현 성전 90평을 봉헌했다.

당초 계획은 어린이집 건축 융자를 받아 더 큰 성전을 지을 계획이었지만 하나님이 모든 계획을 바꾸어 지금의 성전을 건축하게 하셨다.

지나고 나니 다 하나님의 은혜라 말씀드리지 않을 수 없다.

예수님이 떡집 베들레헴에서 태어 나셨는데 우리는 방앗간 터에 교회를 세웠다.

방앗간을 육의 양식을 제공하는 곳이다. 우리교회는 영의 양식을 제공하는 곳이다.

새 성전을 봉헌 할 때 교회 옆에 사시는 아주머니가 하시는 말씀이 강단위에 예수님께서 오셔서 내려 보고 계셨다고 말씀해 주셨다. 도창교회는 틀림 없이 주님이 함께 하시는 교회이다.

지역과 함께하는 마을교회로 정착

'도두머리 청소년 공부방' 운영과 도창복지문화센터의 이주노동자 사역 매화봉사상 제정 및 매년 시상, 무료법률상담 등 개최

도창교회는 개척 초기부터 철저하게 지역교회를 표방했다. 담임교역자가 지역 출신으로 지역에 대한 남다른 생각이 기초가 되었지만 '행함이 없는 믿음은 죽은 믿음이다."는 말씀에 실천적 신앙관을 갖고 있어 더욱 지역을 섬기는 교회가 되려고 했다.

아파트가 건설되기 이전 전형적이 농촌 마을인 도두머리에서 개척 초기에 농한기를 이용해서 '교양교실, 주부대학, 한글학교, 유기농 견학' 등을 했다. 더욱이 개척 다음 해부터 '포도 감사주일예배' 를 드렸고 1997년부터는 '사랑의 포도 나누기' 를 실시해 올해까지 17회를 진행해 왔다. 지역의 특산품인 포도를 모아 관내 복지 시설 및 불우이웃에 전달하는 사랑 나눔 행사로 교우들 뿐 아니라 불신의 지역민들이 참여해 더욱 더 뜻이 깊은 사역이다.

도창교회는 1998년 12월에 도창중앙 선교원을 개원 성경적 유아교육과 보육 사역을 통한 지역 선교를 시작했다. 하지만 공간적인 제약과 헌신에 비해 약한 결과에 1년 만에 폐원이 아닌 휴원을 결정했다. 이런 결정에 결정적인 이유는 차후 특수유야교육 기관의 설립의 꿈을 담은 것으로 하나님의 때에 재 설립을 꿈꾸고 있다.

도창 중앙 선교원을 휴원하고 1년 이어서 1999년 3월에 도창선교문화센터를 개소하여 선교와 문화사역의 꿈을 펼쳤으며 2002년 3월 제일상가를 구입 '도창복지문화센터 및 우리 마을 작은 도서관' 을 개관 좀 더 전문적이고 구체적인 지역 섬김 사역을 시작했다.

특히 시로부터 '도두머리 청소년 공부방' 을 지원 받아 운영하기게 이르렀다.

도창복지문화센터에서는 '외국인 한글학교' 및 '매화꽃 어린이 청소년 사생대회 및 백일장' 을 매년 열어 지역 유청소년 정서 함양에 기여하고 있다. 현재 8회까지 대회를 열었다.

최근에는 매화동 호조벌 축제와 협력해서 행사를 진행하고 있다.

우리교회는 또 매년 지역에 숨은 봉사자를 발굴 시상하는 '매화 봉사상'을 제정 시행하고 있다. 숨은 봉사자를 발굴 알려 봉사자에게는 사기를 진작시키고 지역주민들에게는 봉사 헌신의 욕구를 높이기 위해서 상을 제정했다. 현재 이호석, 김천호, 김종숙, 이인숙 등이 수상했다.

이 밖에도 계영석 변호사의 도움으로 무료법률 상담을 실시 오랫동안 지역민들의 고충을 해소할 수 있게 했으며 격년을 전교인 체육대회 및 여름수련회도 열고 있다.

전교인 여름 수련회는 그동안 성도들의 영적 성장 및 친교에 큰 역할을 해오고 있다.

지역문화의 명물이 된 '도두머리 음악회'

도창교회의 지역 섬김 사역에 또 하나의 자랑은 음악회이다.

1998년 11월 21일 '서울신학대학교 앙상블'을 초청 제 1회 도두머리 음악회를 시작해서 올해 17회 '노름마치 예술단'의 공연까지 일반 음악 및 문화 공연을 열어 오고 있다.

그동안 진행한 프로그램을 보면 '서울신대 앙상블, 필로스 싱어스 및 정찬학, 한길체임버 오케스트라, 테너 김동섭 및 가야금 이화연, 골든 블라스 앙상블(관현악 5중주), 나윤규 교수 및 앤덤씽어즈, 소프라노 이현정 외 2인 콘써트, 시흥시 교향악단 현악 4중주, 하늘빛 소리(수화), 경기민요(김수연, 고경록, 경기민요 중창단), 아가페 팝스 오케스트라, 아가페 앙상블 중창단, 아미쿠스 중창단(남성 아카펠라), 경기도립 리듬 앙상블(김권식 단장) 및 카리스 색소폰 선교단, 에어플릇 앙상블 및 빨간 등대, 박경숙 프르미에르 발레단, 하트 체임버 교향악단(시각장애우 교향악단), 노름마치 예술단(풍물) 등 수준 높은 공연을 펼쳐 왔다.

특히 수년 전부터 엘림요양원과 함께 공동 주최하며 입장료를 대신해 생필품을 기증 받아 지역내 시설들과 나누고 있으며 관내 초등학교 강당을 빌려 더 많은 지역민이 참여 할 수 있는 음악회가 되도록 하고 있으며 감동과 나눔이 있는 음악회로 발전해 오고 있다.

매년 9월 '사랑의 포도나누기'와 '추수감사절 쌀 나누기' 행사

우리교회는 사랑의 나눔이 풍성하다. 사랑의 포도 나누기 뿐 아니라 11월에 시흥YMCA 및 엘림요양원과 함께 사랑의 김장 나누기를 해오고 있다. 올해로 세 번째이며 12월에는 추수감사절 쌀에 성도들의 사랑을 모은 '사랑의 쌀 나누기'도 해 오고 있고 엘림요양원 및 매화교회와 함께 만드는 '효사랑 나눔 잔치'도 매년 실시하여 지역의 어르신들을 공경하고 노인대학 및 주 1회 어른들을 섬기는 '연합 봉사'로 선한 이웃이 되려고 힘쓰고 있다. 특히 작년부터 새롭게 시작한 지역 섬김은 시흥의 자랑인 '호조벌 청소'를 하는 것이다.

매월 마지막 주일 오후 교인들이 시흥시로부터 도로입양을 받은 호조벌의 한 지역을 청소해 오고 있다. 우리의 작은 수고로 호조벌이 깨끗해져서 하나님의 창조세계를 보존한다는 자부심을 갖고 있다.

전도와 선교에 열정을 쏟는 교회

교회의 사명 중에 하나가 바로 전도이다. 우리교회는 봄과 가을 1년에 2회 전도축제를 꾸준히 열어 오고 있다. 갑작스럽게 부흥하고 있지는 않지만 지역에서 좋은 이미지를 바탕으로 꾸준한 증가를 보여 지금의 교회로 성장해 오고 있다.

이러한 지역 전도 뿐 아니라 개척초기부터 해외선교에 꿈을 꾸며 가장 먼저 해외선교의 꿈을 기도했었다. 그것은 바로 "2000년 독자적인 선교사를 파송하게 하옵소서."

개척 7년 뒤인 2000년 선교사를 파송할 수 있는 교회의 꿈을 꾸었다.

소원을 갖고 기도하게 하시는 하나님이 2000년 12월에 영국으로 김동환 목사를 그리고 이듬해에 8월 중국에 평신도 선교사로 이혜숙 전도사를 파송했다.

그리고 2008년 11월 케냐의 김완영. 김국화 선교사를 파송해 지금에 이르고 있다.

현재 캄보디아에 박도환 선교사와 송도환 선교사와 협력하면서 2012년 6월에 샬롬 하우스를 봉헌하고 담임사역자로 쏙큰 전도사를 파송 지원하고 있다.

이 밖에도 필리핀에 정찬선, 말레이시아에 복경자, 이스라엘에 원동곤, 말레이시아에 최영태, 파라과이에 김정운, 이병록, 터키에 송창섭, 방글라데시에 이중환, 베트남에 배경수 선교사와 협력사역을 하고 있다. 감사하게도 작년부터 '캄보디아 선교회'에 참여하여 연합사역을 힘있게 하고 있다. 도창교회는 이런 선교적 열정을 모아 매년 12월에 '도창세계 선교대회'를 열어 차년도 선교에 헌신을 결심하고 있다.

선교에 대한 이러한 열정은 청소년 단기선교로 좀 더 구체적으로 성도들의 삶으로 스며들고 있다. 현재 필리핀, 중국, 제주도 등을 다녀왔다.

20주년 맞아 성경적 기념사업 펼쳐

특히 창립 20주년을 맞은 올해 성인 도창교회로써의 모습을 갖추고 새로운 20년을 내다 보면서 작년 말 창립 20주년 기념사업 준비위원회를 구성해서 기념사업을 선정해 시행해 오고 있다. 그 내용을 보면『창립 20주년 감사 예배 / 창립 20주년 교회 비전 세우기 / 깨끗한 호조별 만들기 / 창립 20주년 기념 땅 한 평사기 운동 / 장학회 설립 / 아프리카 모기장 보내기 / 도창주일 강단 시작 / 창립 기념 전도 축제 (전.후반기) / 무료급식 / 20주년기념 성회(김종호목사)』

이 중에 시행한 사업은 창립 20주년 감사 예배를 드렸고, 깨끗한 호조별 만들기도 매월 진행하고 있으며, 땅 한평 사기 운동도 진행 중으로 새 성전 건축의 꿈을 꾸기 시작했다.

또한 고 김영남 권사님 소천에 자녀들이 장학헌금을 기부 '도창 김영남 장학회'가 설립되어 운영되고 있다. 그리고 아프리카 모기장 보내기 사업 또한 진행이 되어 12월중에 국제 구호단체를 통해 전달할 예정이다. 전도축제도 진행중이며 기념 부흥회도 계양중앙교회 김종호 목사님을 모시고 열어 큰 은혜를 받았다.

아직 시행하지 못한 사업들은 다음 해라도 반드시 시행해서 창립기념 사업의 취지를 이루려고 한다.

역사를 반추하면서 드는 생각은 이 모든 것이 다 기도의 힘이라는 생각이다.

개척에서 지금까지 한 번도 새벽제단의 불을 끄지 않았다.

아니 불을 끌 수가 없었다. 기도의 어머니들이 때마다 연약한 목회자인 나를 깨우셨고 교회와 성도들을 깨우셨다.

이들이 있었기에 지금 우리교회가 있다.

이동순 권사, 김영남 권사, 주복출 권사, 함병숙 권사 등 쉼 없는 기도가 있었다. 또한 개척 초기 도창교회를 위한 100인의 기도 후원자를 모집(103번까지) 중보기도의 축복을 받았으며 목회자는 매년 12월에 40일 성전기도를 해왔다. 이런 영적 힘이 오늘의 도창교회를 세우는 밑 걸음이 되었다.

도창교회는 우리 마을교회이다. 10주년 행사를 하면서 동네 분들이 농악을 놀아 주었다.

지난 3월 20주년 행사에도 역시 동네분들이 농악을 놀아 주셨다.

10주년 행사를 치르면서 우리 마을 통장님이 "도창교회는 우리마을 교회입니다." 해 주신 말씀이 그간에 작은 수고에 과분한 상이 되었다.

나는 꿈을 꾼다. 우리교회는 "지역을 섬기는 우리 마을 교회"라고 이제 20년을 넘어 새로운 20년을 향해 간다.

지금까지도 주님과 함께 한 것처럼 앞으로도 변함없이 주님과 함께하기를 소망한다.

우리는 꿈을 꾼다. 작지만 그러나 힘이 있는 교회
하나님의 거룩하신 뜻을 이루는 세상 가장 아름다운 교회의 꿈을 오늘도 온 성도들과 함께 꾼다.

모든 영광을 하나님께 돌리며 그동안 헌신해 주신 장로님들과 온 교우들에게 감사를 드린다. 여러분 모두를 주님의 사랑 안에서 사랑합니다.

담임목사 김 주 석

목회를 시작하며

아직 마음의 준비가 덜 되었는데 하나님은 저를 목회의 현장으로 인도하셨습니다.

3월 14일 대지의 생명이 힘차게 솟구치는 3월, 백승학 장로님 댁 앞마당에서 소박하지만 은혜스럽고 감격적인 도창중앙교회의 창립 예배를 하나님께 드릴 수 있었습니다.

그리고 약 2달여 만에 소박하지만 아름다운 하나님의 집을 지어 도창중앙교회 식구들만의 첫 예배를 드렸습니다.

그러나 불과 1년 전만 하더라도 저는 죽음과 삶의 선에서 헤매며 12시간 수술, 33명의 헌혈, 그리고 기둥교회 성도들, 복사골 목요찬양 식구들의 뜨거운 기도로 새롭게 생명을 연장 받고 퇴원해서 요양 중이었습니다.

당시 저는 하나님께 한마디의 기도 밖에 드릴 수 없었습니다.

"주여 부족한 저로 인하여 당신의 영광이 가리지 않게 해 주옵소서."

하나님께서는 저의 기도에 응답해 주셨습니다. 저의 생명을 연장시켜 주셨으며 현숙한 아내를 만나 가정을 이루게 하셨으며 또한 훌륭한 목회 지를 허락하셔서 오늘에 이르게 하셨습니다.

저는 누구보다도 하나님께서 저를 사랑하심을 믿습니다. 그 사랑은 제가 하나님께 향한 사랑에 비교할 수 없는 큰 사랑임을 믿으며 저의 평생의 기도제목인 "하나님께 영광 돌리는 삶"을 살기 위해 최선을 다할 것입니다.

아직 육체적으로나 영적으로나 연약하여 한 교회의 영적 지도자로 나서기에 부족하지만 주님이 나를 사랑하시며 내 안에서 역사하시고 나를 통해 영광을 받으시기 원하심을 믿기에 감히 순종하여 목회를 시작합니다.

저는 하나님과 도창중앙교회 교우들 그리고 저를 알고 있는 많은 분들 앞에서 감히 몇 가지 약속을 합니다.

하나님의 말씀을 이루는 성결한 교회

예수님의 사랑을 이웃과 나누는 따뜻한 교회

성령체험이 생활로 표현되는 즐거운 교회를 이루기 위해 저의 모든 삶을 걸 것입니다.

도창중앙교회 교우 여러분 모두를 진심으로 사랑합니다.

1993년 5월 9일 김 주 석 전도사

* 이글은 지금부터 20년전 도창중앙교회 첫 주일 주보에 기록된 글입니다.

제 1 부

소명과 성화의 은혜

세상 기쁨보다 주님 기쁨 의지하며

정 교 채 목사(원로)

저는 감리교회에서 4대 후손으로 신앙생활을 했으며 지금은 6대가 되었습니다. 아버님은 해방되기 전에 감리교회 권사님이셨습니다. 일본인들의 악행이 절정에 다달았을 때 종교인 학살을 시작했는데 해방된 후에 비밀문서에 따르면 아버님 학살 날짜가 7일 후면 죽임을 당할 것인데 해방이 되어서 죽임을 당하지 않았습니다.

저는 22살 때 집사, 30살 때 권사, 36세 때 매화교회 장로가 되었습니다. 46세 때 교회를 개척했고, 49세 때 목사가 되어 67세 때까지 목회를 하였습니다. 지금은 은퇴해서 엘림 요양원 주일 담당 목사로 지금까지 13년 동안 설교를 했습니다.

자녀는 2남1녀로 첫째는 정찬선 선교사로 필리핀에서 사역을 하고 있고, 둘째는 교사 선교사로 필리핀에서 일하고 있는데 직책은 교감으로 일하고 있습니다. 사위는 지하철 기관사이고 딸은 북한 선교회에서 일하고 있습니다. 지금은 자녀들이 잘 되어서 걱정하지 않고 아내와 같이 행복하게 잘 살고 있습니다. 현재 사는 곳은 도창동 에이스 아파트에서 잘 살고 있습니다.

목회를 하게 된 동기는 두 가지입니다.

첫째는 하나님 앞에서 서원을 했고, 둘째는 십일조를 잘하다가 사업에 어려움이 있어서 십일조를 하지 않았는데 너무도 가정에 어려움이 와서 가정이 합심해서 기도를 했습니다. 그때 환상을 보게 되었는데 가족회의를 하고 목회를 하기로 결심을 했습니다. 제가 매화교회 장로로 있을 때 같이 신앙생활 하던 손옥용 집사가 먼저 여수에서 목회를 시작해서 손옥용 전도사의 권고로 여수로 가게 되었습니다. 이삿짐을 차에 싣고 여수로 떠날 때 공중에서 찬송이 들렸는데 그 찬송이 '주님 뜻대로 살기로 했네' 였습니다.

여수에서 가장 어려운 곳으로 보내 달라고 했더니, 두매 산골 바닷가에 마을로 인도함을 받았습니다. 전기가 79년도에 들어왔고 버스는 하루에 3번 다니는 곳으로 가게 되었습니다. 집을 빌릴 수가 없어서 청년 집 마당을 빌려 매화교회에서 가지고 간 소 강대상을 놓고 설교를 시작했습니다. 처음에는 아이들 일곱 명이 모였습니다. 동네 사람들이 예수 믿으라고 하면 너나 천당 가라고 하며 받아들이질 않아서 마음에 결심을 하고 하나님 앞에 기도하였습니다. 동네가 가난하여 살기가 어려우니까 공단에서 돈을 낼 수 있도록 해야 하겠다고 생각하고 교회 나오는 사람은 취직을 시켜주고, 환자들은 새벽에 기도를 해 주었는데 기적이 일어나서 병자들이 나으니까 사람들이 교회에 모여들고 부흥하기 시작했습니다.

목회를 하는 동안 60살까지는 부흥강사로 사역을 했고, 그 후에는 신학교 교수로 일을 했습니다. 은퇴를 한 후에는 엘림 요양원에서 주일날 설교를 지금까지 하고 있습니다.

우리 부부는 매일 8시면 가정예배를 드리는데 참 은혜가 됩니다. 저희 가정이 하나님과 동행하는 삶을 살 수 있는 축복을 받았기에 즐겁고 행복합니다. 하나님의 은혜가 있었기에 지금까지 은혜 속에서 지내올 수 있었습니다.

세상의 것들로 기쁨을 누리기보다는 주님만을 의지하며 욕심에 따라 살지 않게 하옵시고 온전히 마음을 비움으로써 나눔의 삶을 살게 하옵시며 제 미력한 힘이나마 하나님을 기쁘게 하는 일에 보탬이 되는 삶을 살게 하옵소서!

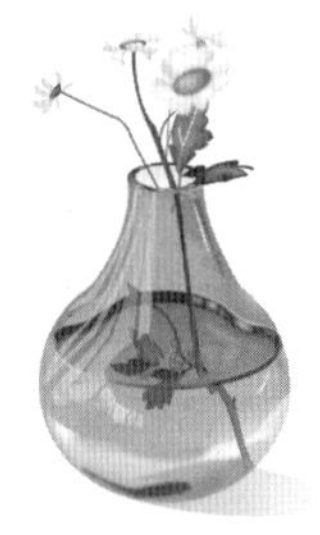

오직 하나님만을 바라보며

이 은 주 사모

10대 후반까지 하나님을 알지 못했습니다. 중3때 친한 친구와 같은 학교를 배정받고 싶어서 기도했었는데 그 기도를 하나님께서 들어주셨습니다. 중학교를 너무 멀리 다녀서 불편함을 많이 느꼈던 저는 고등학교는 가까운 곳에 다니고 싶었습니다. 그래서 학교 앞에다 주소지를 올렸는데 같은 주소지임에도 학교는 다른 곳으로 배정 받는 경우가 많았습니다. 저와 친한 친구는 주소지 앞 가까운 학교에 배정되었습니다. 확률적으로도 어려운 배정이었습니다. 왜냐하면 그때에는 한 반 70명 중에서 2~3명만 가까운 곳에 배정 받고 나머지는 외곽의 신생 학교로 배정받았기 때문입니다. 하나님께서 내가 구한 것보다 더 좋은 것을 주신 것입니다. 이런 은혜가 많았지만 교회에는 나가지 않았습니다. 후에 하나님은 세상 모든 사람들의 마음을 감찰하시고 그의 인생을 인도하심을 알았습니다.

고3때 아버지와 동생을 잃었습니다. 아버지는 실력 있고 청렴결백한 성품의 경찰 공무원이셨습니다. 동생은 엄마의 만족과 기쁨을 주는 착한 아들이었으나 하나님은 그들을 데려가셨습니다. 처음에는 심한 절망과 슬픔에 빠져 힘겨운 날을 보내야 했습니다. 어느 날 정신을 차려 하나님을 멀리한 삶이 하나님의 돌보심을 받지 못한 것이라는 생각이 들었습니다.

이 엄청난 사건이 우리 가정이 예수님을 믿게 된 시작이 되었습니다. 엄마는 아버지가 돌아가시는 때와 맞물려 정년퇴임을 하시게 되어 경제적인 어려움이 있었습니다. 그러나 새벽제단을 쌓으며 기도하여 일자리를 얻게 되는 은혜를 받으셨습니다. 봉사하고 싶은 마음에 고민하시다 혼자 교회를 청소하시는 권사님을 보시고 엄마도 청소해야겠다는 마음으로 주일마다 새벽기도 후 교회주변을 2시간여 동안 꼼꼼히 청소하셨습니다. 엄마는 처녀 때 교회를 다녔으나 직장생활이 힘드셔서 중단했던 것 같았습니다. 가끔 엄마는 아마도 이런 힘든 일을 겪지 않았다면 교회에 나가지 않았을 것이라고 말씀하셨습니다.

저도 엄마의 성화에 교회를 나가기 시작했지만 점차 깨달음을 주셔서 온전한 주일 성수와 십일조를 사모하게 되고 결단하고 행하였습니다. 주일에 하는 성경공부와 말씀암송이 제 신앙을 체계적으로 하고, 성경과 국민일보를 읽으며 제 믿음이 자란 것 같습니다.

세상이 급변하고 진리가 없는 세상에서 내 마음과 생각의 중심을 가질 수 있는 것이 필요했는데 그것이 성경이라고 생각했습니다. 하나님은 마6:33 "그의 나라와 의를 구하라 그리하면 이 모든 것을 더하시리라"

말씀을 읽을 때 근심 걱정이 많은 저의 어깨위의 무거운 짐을 가볍게 해 주셨습니다. 그 후 저는 삶의 순위가 그의 나라와 그의 의를 구하는 것이 먼저 되어야겠다는 생각을 갖게 되었고 지금도 혼란스러울 때는 주님께 물어보고 질문합니다.

하루는 갑자기 배가 불러와서 병원에 갔더니 큰 혹이 있다고 했습니다. 산부인과에서 수술을 했고 이때 난소를 떼어냈습니다. 여자의 삶에 있어 엄청난 일일 수 있었지만 그리 두려운 마음은 들지 않았습니다. 수술 전날 한평생을 하나님을 떠나지 않겠다고 한 다짐이 큰 힘이 된 듯합니다.

친하게 지내는 사촌언니는 엄마와 제가 너무 불쌍해서 자주 기도해왔다고 합니다. 하루는 언니가 친구 권사님과 함께 와서 기도해주며 사모, 신학, 봉사를 놓고 기도해보라고 했습니다. 언니도 권하고 저도 기도해야 할 것 같아서 40일 새벽 작정기도를 했습니다. 저는 무엇이 되게 해달라고 기도하기보다 배우자를 위해서 그리고 하나님은 나 자신보다 나를 더 잘 아시고 저에게 가장 좋은 것으로 주실 줄 믿고 기도했습니다. 그저 저는 행복한 삶 후회하지 않는 삶을 살기를 원했습니다. 하나님께서 응답해 주실 때를 기다리다가 '더 이상 못 기다리겠습니다' 이런 마음으로 기도하니 지금의 목사님과의 중매가 들어와 만나게 되었습니다. 목사님은 비록 대수술을 받은 연약한 사람이지만 하나님이 함께 하시니 괜찮다는 말씀을 주셨습니다. 하루 세 번 기도하시는 시어머니도 응답을 받으셨다고 하시고 저도 하나님께서 저에게 꼭 맞는 사람을 주셨다고 생각했습니다. 목회가 뭔지 모르는 저는 시어머니의 하루 세 번 기도

하신다는 말에 든든했습니다. 국민일보에 나오는 간증을 많이 읽어서 기도의 능력이 어떤 건지 나름 짐작했던 것 같습니다.

목사님을 따라 부천에서 도창동으로 왔습니다. 매화교회 지교회로 세워져 사택도 있고 성도님들도 계셨습니다. 목사님은 저에게 모든 일에 감사하라며 세뇌하듯이 말씀하셨습니다. 부족한 저는 늘 하나님께 도움을 요청했고 큰 아이 현지를 낳기 전날까지 새벽기도도 빠지지 않고 드렸습니다. 어머니도 이 동네가 영적으로 센 동네라시며 저희 모르게 2년간 본교회에서 새벽기도 하시고 도창교회에 오셔서 기도하시고 가셨다고 합니다.

목사님이 교회 건축 후 대호를 낳은 지 20여일 되었을 때 주저 앉으시기에 병원에 가보니 대동맥에 또 다시 문제가 재발 한 것이었습니다. 목사님은 또한번 대수술을 받아야만 했습니다. 삶과 죽음을 넘나드는 시간을 맞이했습니다. 저는 마지막이 될지도 모른다는 생각에 새벽기도를 끝내고 대호를 맡겨놓고 병원에 갔습니다. 수술실에 들어가기 전에 목사님을 보았지만 아무 말도 못했습니다. 체온을 낮추고 심장을 멈춘 상태에서 12시간 수술을 했습니다. 은혜로우신 하나님은 목사님을 다시 살려주셨고, 중환자실에서 4일 만에 깨어나셨습니다. 약간의 후유증이 있었으나 한 달후 선교원 차량운행을 하셨고 이전처럼 움직이셨습니다. 저는 새벽마다 하나님이 함께 하시는 것이 무엇인지 기도했습니다. 불안감이 엄습했습니다. 며칠을 기도하다 결론은 "하나님! 맘대로 하십시오. 죽이시든 살리시든지 하나님의 것이니까 맘대로 쓰십시오." 로 끝맺음을 했습니다. 지금와 생각하면 이것이 하나님의 응답이었던 것 같습니다.

얼마가 지나고 또 목사님이 혈관에 문제가 생겼는데 교회의 배려로 안식년을 가졌습니다. 목사님뿐만 아니라 저와 아들 대호에게도 하나님과 친밀해지며 치유와 회복을 가졌던 너무나 귀한 시간들이었습니다.

지나간 시간을 돌아보니 하나님은 부족한 저를 목사님을 따라 DTS훈련과 상담학교 등 배움을 통해 저를 치유하시고 하나님을 알게 하시므로 저를 도와주신 것 같습니다. 또한 기도하고 하나님을 잘 알고 의지하면 모든 것이 순탄할 줄 알았습니다. 그러나 하나님은 이 모양 저 모양으로 짧은 기간, 때로는 아주 길게 저를 훈련시키고 연단시키셨습니다. 그 연단과정에서 하나님은 하나님만을 의지하고 하나님의 때를 기다리며 하나님의 역사를 구하는 자에게 마지막 보루가 되어 주시어 하나님의 자녀를 지키심을 알았습니다. 하나님은 다른 것을 의지하는 것을 원치 않으시고 하나님만을 바라보도록 가르치셨습니다.

지금도 하나님이 교회와 우리 가정에서 일하시는 것들을 기대하며 믿음으로 한 걸음 한 걸음 앞으로 나아가고 있습니다. 훗날에 더 많은 것을 간증하기를 소망합니다.

"하나님은 나의 구원이시며 내가 신뢰하고 두려움이 없으리니 주 여호와는 나의 힘이시며 나의 노래이며 나의 구원이시라" (이사야12:2)

감사와 축복의 확신

백 승 학 장로

출애굽기 20장 6절 말씀에 보면 "나를 사랑하고 내 계명을 지키는 자에게는 천대까지 은혜를 베푸느리라" 말씀합니다.

도창교회 창립 20주년을 맞이하여 저희 가정에 하나님께서 주신 은혜와 사랑을 피력할 수 있는 기회를 주신 하나님께 감사와 영광을 돌립니다.

이 지역 사회 구원을 위하여 일찍이 어머님(故 김영남 권사)을 부르시고 믿음을 주시고 기도 하시는 가운데 도창교회가 태동하게 하시고 구원의 역사를 시작하신 주님의 은총에 감사드립니다.

이 시간을 통해서 어머님 믿음과 저희 자녀들에게 주신 하나님 은혜를 나누고 싶습니다. 어머님께서 주님의 부르심을 받고 장례를 마친 후 자녀들이 함께 모여 결산의 시간을 가졌습니다. 참으로 감사한 것은 저희 가정의 모든 형제들이 주님을 섬기게 되었고, 4대에 이르기까지 주님을 섬기는 가문이 되었다고 하는 사실입니다.

이 모든 결과는 어머님께서 모진 핍박과 역경 속에서도 하나님을 온전히 섬긴 열매인줄 믿습니다.

무엇보다도 어머님의 장례과정을 통하여 주님의 인도하심을 재삼 체험하게 되었습니다. 돌이켜 보면 어머님께서 소천하신 날짜와 장례식장 그리고 장례일이 그러합니다. 저희 형제들은 어머님께서 주님의 부르심이 임박한 것을 느끼며 기도했습니다. 어머님의 장례일이 주일을 피할 수 있도록 하여 주시기를 간절히 기도했습니다.

기도의 힘이었는지 저희들이 기도한대로 주일을 피하여 소천 하셨고, 장례식장도 넓은 곳을 택하게 되었으며, 많은 조문객들을 맞이하게 되었습니다.

특별히 감사한 것은 장례 날짜입니다. 장례 전날은 비가 종일 내렸고, 장례 다음날은 많은 눈이 내렸습니다. 감사하게도 두 날을 피하고 좋은 날 장례를 치룰 수 있도록 하나님께서 인도하셨습니다. 만일 어머님께서 하루 일찍이나 하루 나중에 소천 하셨으면 참 힘든 일이였는데 얼마나 감사했는지 모릅니다.

저는 이 모든 일들을 통하여 저희 가정을 인도하신 하나님 은혜에 감사하며 저희 가문이 자자손손 하나님의 축복을 받을 것을 확신하게 되었습니다.

여러모로 부족한 저는 남은 삶을 어머님 믿음을 계승해서 주님을 잘 섬기고 이 지역 사회와 몸 된 도창교회를 위하여 기도하며 헌신 할 것을 다시 한 번 다짐해 봅니다.

소외된 자를 변화시키는 우리교회

이 병 완 장로

먼저, 간증에 앞서 저의 직분에 충실하지 못하고 우리 제단에 큰 도움이 되지 못한 점 진심으로 죄송하고 면목이 없습니다.

우선 간증이 울면서 하는 간증보다 웃으면서 하는 간증으로 변화되면 좋겠습니다. 그것은 예수 믿으면 모든 것이 잘된다는 생각을 갖기보다는 사탄이 역사하는 것을 막아 준다는 것으로 생각하면 더욱 더 좋을 것입니다. 그건 우리 가정이 좋은 예가 될 듯합니다.

도창교회에 나오기 전 여러 교회를 배회하며 목사님의 설교, 또는 교회 분위기를 알아보려고 다닌 시절이 있었습니다. 여기저기 다른 교회를 나가보았지만 저마다 목사님들의 설교말씀은 훌륭하셨지만 제 가슴에는 그리 와 닫지 않았습니다. 그렇게 많은 시간을 헤메이다 도창교회에 오게 되었습니다. 교회에 들어서는 순간 그리고 목사님의 말씀말씀 한마디가 저에게 은혜로 젖어들어습니다.

지금 와 생각하면 이 모든 것이 하나님의 이끄심이었음을 믿습니다. 곧 바로 도창교회에 등록하고 지금까지 나오게 되었습니다. 도창교회에 나오게 되면서 너무도 감사하게도 매일매일 즐겁고 행복한 날들로 가득 했습니다. 지금도 우리 가정이 믿는 가정 중에 제일 행복한 가정이라는 생각으로 하루하루가 행복합니다.

"네 이웃을 사랑하라"는 하나님의 말씀처럼 이제는 모든 교회가 외적인 성장과 내적인 순종에 힘쓰기보다는 전 국민의 약 2%인 백만 명 정도의 취약한 상태에 살고 있는 소외된 이들에게 따뜻한 손길을 내밀었으면 합니다. 모든 교회에서 책임을 지고 먹고, 자고, 입고하는 것은 걱정이 없게 만들어 진정한 교회의 모습이 되길 소망합니다. 또한 교회의 성전은 마음 놓고 들어와서 쉬고, 자고, 씻고, 먹으면서 쉼터 같은 편안한 보금자리가 될 수 있는 성전으로 개조하여 교회의 면적 중에서 반절은 사회에 환원하는 모습으로 변화되기를 소망합니다.

아무튼 우리 도창교회는 사회에 지역에 들어가 약한 자, 소외된 자를 변화시키는 교회, 이 세상에서 빛과 소금이 되는 교회, 우리 성도들은 그 길을 위하여 노력하고 힘써 일할 때 매일매일 행복과 기쁨과 좋은 소식으로 가득 찬 한 해가 되길 소망합니다.

때에 따라 은혜를 베푸시는 하나님

박 창 균 장로

간증에 앞서 먼저 기도 드리겠습니다.

"사랑의 주님! 주님의 몸된 도창교회 창립20주년을 맞아 전교인 간증 새벽기도회로 드립니다. 내가 만난 예수님, 그동안 여러 사건마다 주님의 크신 은혜와 역사하심 가운데, 순간순간 도우신 주님을 찬양하며, 간증하게 하시오니 감사를 드립니다.

이 시간은 삶 속에서 저의 간구에 응답해 주신 중요한 몇 가지 일을 간증하려 합니다. 그 은혜 평생 잊지 않고 믿음으로 살아가게 하옵소서. 이시간 주님의 영광만이 나타나게 하여 주옵소서. 예수님의 이름으로 기도합니다. 아멘."

저는 믿음의 가정에서 태어나 어릴 때부터 교회에 다녔습니다. 조부모님께서는 일찍이 미국 선교사를 사랑채에 모시고 살았고, 할머님께서는 아들을 목사로 키워, 주님의 동역자로 시무하게 하시고 지금 87세로 원로목사님으로 계십니다.

제가 자라난 시골 마을은 95%가 교회에 다니는 가정들이고, 예수 믿는 동네란 소문이 난 마을에서 태어났습니다. 그래서 그런지 하나님의 은혜로 큰 시련 없이 축복 받은 가정에서 교회에 나가 예배드리고 젊었을 때는 교사로, 찬양대로 봉사하며 감사하게 살아왔습니다. 그러다가 하나님의 도우심으로 광주시에 있는 대한무역진흥공사 전남 무역관에서 근무하게 되어 정년퇴직까지 근무하게 된 평생직장이 되었습니다. 그 후 인사발령에 따라 서울 본사로 옮긴 후 부천에 있는 은광교회에 출석하여 저희 부부가 처음으로 집사직을 임명받고, 믿음생활 잘하여 하나님께 영광 돌리며 충성스럽게 집사의 직분을 잘 감당하게 해달라고 하나님께 기도했습니다.

구원의 확신을 가지고 기쁜 마음으로 예배에 빠짐없이 드리고 노방전도도 열심히 했습니다. 특별히 십일조에 대한 말씀이 마음에 늘 와 닿았습니다. 말라기 3장 10절에 “만군의 여호와가 이르노라 너희의 온전한 십일조를 창고에 들여 나의 집에 양식이 있게 하고, 그것으로 나를 시험하여 내가 하늘의 문을 열고 너희에게 복을 쌓을 곳이 없도록 붓지 아니하나 보라” 란 구절이 마음에 다가오면서 십일조를 드리자 맘먹고 바로 실천하기로 결심했습니다.

십일조를 드리면 계산상으로는 십일조를 드리기 전보다 적은 돈으로 생활해야 하는데도 불구하고 오히려 이전보다 풍족한 생활을 하는 것처럼 느껴졌습니다. 또한 십일조를 드리다보니 불필요한 일로 돈이 나가지 않게 해주시는 하나님의 은혜를 경험할 수 있었고, 저 자신도 이전보다 더 근검절약하게 되었습니다.

그렇게 하였음인지 하나님께서는 계속 축복의 은총을 허락하여 주셨습니다. 평강 가운데 신앙생활을 할 수 있었으며, 기쁨으로 교회 직분을 받아서 열심히 봉사할 수 있게 해 주셨습니다.

저는 어릴 때 부모님의 십일조 생활을 보고 느끼던 제가 믿음의 유산을 이어받아 온전한 십일조를 1월부터 드리고 가정예배를 시작했습니다. 그렇게 십일조를 시작하니까 그해 7월에 놀라운 축복들이 제게 임하게 되었습니다.

제가 공사에 재직하면서, 승진의 기회가 10년 만에 주어진다는 특별한 인사발령이었습니다. 직급이 9급인 제가 그동안 실적을 인정받아 유례없는 8,7,6,5,4 직급을 뛰어 넘어 전문직 3직급으로 명받아 부장 아래인 차장으로 승진하게 되었습니다. 정말 하나님의 놀라운 섭리요 은혜가 아니면 이러한 높이뛰기는 상상도 못했을 것입니다. 저희를 구원해 주신 것만도 감사한데, 때를 따라 도우시며, 흔들어 채워 주시는 주님께 감사를 드립니다.

또 하나는 '97년도에 IMF가 시작되면서 모든 직장에서 구조조정이 시작되었습니다. 동료들이 한 사람 한 사람 회사를 떠날 때, 안타까움과 함께 또한 제 자신도 어떻게 될지 몰라 마음이 불안했습니다. '하나님의 도움을 청하며, 부르짖어 기도하라! 두려워 말라' 는 말씀으로 위로와 평안을 가질 수 있었습니다. 25%가 감원되는 가운데 하나님께서 저의 기도를 들어주셔서 계속 직장에 남아 있을 수 있었습니다. 기쁜 마음으로 십일조를 드리므로 하늘 문을 여시는 축복을 주신 하나님께 감사를 드립니다.

또한 감사한 것은 그동안 14번째 이사를 옮겨 다니다가 15번째로 도창동에 에이스 아파트를 분양받아 이사했을 때의 기쁨은 이루 말할 수 없었습니다. 이 또한 하나님의 크신 은혜요 축복이었습니다. 더욱더 감사 한 것은 시흥시 도창동 매화동 주위에 많은 교회가 있었지만 도창교회를 다닐 수 있도록 주님께서 인도하시고 역사하신 은혜입니다. 목사님께서 지역사회를 열심히 섬기시고 구제와 봉사를 위해 헌신을 아끼지 않으시는 것을 볼 때 저희에게도 큰 위로가 됨을 느끼곤 했습니다.

저희에게는 도창교회 생활이 영혼의 신선한 공기를 호흡하는 것과 같습니다. 목사님의 충만한 설교 말씀이 저희에게 새 힘과 소망이 되었습니다. 사랑과 은혜가 넘치는 도창교회가 있으며, 도창교회에 다니고 있다는 커다란 축복에 감사 할 따름입니다.

특별히 감사한 것은 지금 살고 있는 안산 다가구 주택을 구입할 수 있게 하신 것입니다. 저의 외사촌 동생이 부천에서 안산으로 이사 하더니 저한테도 이곳 안산으로 이사 오면, 노후에는 안정적인 수입원으로 노후 대책이 된다며 적극 권장하였습니다. 그렇지 않아도 퇴직 후 수입이 없어 걱정하고 있던 중이었습니다.

저는 퇴직 후 시골에서 고등원예 작물을 키우고 살아갈려고 생각하였으나 젊어서 하우스일로 힘들었던 지난 일들을 생각한 아내의 극구 반대에 부딪쳐 저의 꿈을 접고 아내의 의견대로 안산으로 이사할 것을 맘 먹었습니다. 그리고 하나님께 우리 부부는 열심히 기도하며 간구하였습니다.

오랫동안 부동산 중개소를 발품하면서 다니던 중, 하나님의 은혜로 싸고 좋은 집을(11세대가 사는 집이었습니다), 우리에게 허락하여 주셨습니다. 또한 때 맞춰 하나님의 은혜로 그동안 팔리지 않던 시골땅이 나주시가 혁신 도시가 되면서, 매매가 성사되었습니다. 참으로 하나님의 은혜입니다. 또한 도창동에 있는 에이스 아파트는 겨울철이어서 매매가 잘 되는 시기가 아닌데도 하나님의 도우심으로 팔리게 하시고 안산에 있는 다가구를 구입하여 임대료 수입으로 십일조를 드리며 노후를 보낼 수 있도록 은혜 내려 주신 것을 감사하며, 여러 가지로 때에 따라 조건들을 허락하시어 돕는 은혜를 베풀어 주시는 하나님께 감사를 드립니다.

하늘의 신령한 것과 땅의 기름진 것으로 풍요롭게 하시는 주님께 감사드리오며 또한 우리 조부모님의 믿음의 유산을 이어 받아, 오늘날까지 5대에 걸친 믿음의 가정을 이루게 하시고 현재 후손으로 목사 3명, 장로 4명이 주님께 충성하게 하신 것, 오늘도 살아계셔서 역사하시는 하나님의 은혜를 감사 찬송합니다.

저희 부부는 매일 이른 아침 함께 하나님께 가정예배를 드립니다. 저희를 구원해주시고, 주님의 은혜 가운데 형통한 생활을 하게 하심에 감사드리며 주님 부르시는 그날까지 열성으로 충성하며 살겠습니다. 감사합니다.

믿음과 기도로 완치한 간암

홍 사 흥 권사

지난 크리스마스에 한통의 전화가 걸려왔습니다. "날씨가 많이 추우니 새벽송은 돌지 마세요" 또 하는 말이 "항상 새벽기도를 해 주셔서 마음놓고 일하며 든든합니다." 작은 아들의 안부 인사를 받게 되었습니다. 아직도 이 엄마가 새벽송을 돌 만큼 몇 년 전의 젊었을 때의 모습인줄 아는 가 봅니다. 그럼에도 새벽기도가 진실로 자녀들의 힘을 공급해 주심을 다시 한 번 되새기게 되었습니다.

제가 감히 이 자리에까지 서게 하신 주님께 감사하며, 이 쌀쌀한 겨울 날씨를 녹일만한 하나님의 사랑을 받았기에 도창교회 20년과 함께 제 자신도 뒤돌아보고자 합니다. 지금 생각해 보니 어쩌면 내 생에, 아니 나의 신앙 속에 가장 좋았던 때는 50대였던 것 같습니다. 다시는 이 그 시간이 돌아오지 않을 것이고, 훗날 많이 그리워 할 것입니다. 그리고 지금에서야 정말 후회를 많이 합니다. 그 때에는 불만도 하고, 투정도 하면서 보낸 그 세월이 왜 지금에서야 아쉬움으로 다가오는 것일까요?

어느새 시간은 흘러 70세를 훌쩍 넘은 이제 와서야 50대로 뒤돌릴 수 있으면 하는 마음이 간절합니다. 나중에 저처럼 후회하지 말고 정말 할 수 있을 때에 최선을 다해서 순종하시기를 감히 말씀드리고 싶습니다.

처음 매화교회에서 어항용 목사님으로부터 신앙지도를 받으며 믿음생활을 시작해서, 어느 날 영문도 모른 채 권사의 직분을 받고 얼떨떨하였는데, 얼마 후에 도창교회가 개척교회로 이 동네에 세워진다는 사실과 김주석 전도사님이 부임하신다는 사실은 더욱더 나를 놀라게 하였습니다. 그리고 또 하나 저도 도창교회의 교인이 된다는 사실이었습니다. 뭐가 뭔지 모르는 신앙생활을 해왔지만 깊은 영성이 부족한 저에게는 작은 충격이었습니다. 그렇지만 얼른 마음을 추스리며 도창교회가 진정 내가 있어야 할 곳이라는 믿음을 주셔서 열심히 헌신해 전도사님을 돕기로 결심했습니다.

그때만 해도 가장 미약한 도두머리 식구들을 보내주셨지만 나름대로 열심으로 순종하며 기도하는 사명을 주셔서 새벽기도를 속원들을 위해서 시작한 것이 주님께서 응답해 주시는 은총을 체험할 수 있었습니다. 내가 기도한 가정이 달라지고, 좋아지는 모습을 대할 때 보람을 느꼈고, 새벽기도 하러 내려오다가 동상으로 거의 불가능 할 뻔한 생명을 우리 교회에 데려와 목사님의 허리를 다치게 하면서 살려냈던 일, 어느 날인가 전도사님이 교회를 비운 새벽시간 지금 고인이 되신 김영남 권사님께서 젊은 권사가 인도하라는 말씀을 하셨는데, 얼마나 떨리던지...... 자리에는 서너 분만 앉아 계셨는데 내 눈에는 꽉 찬 느낌에 어찌할 바를 모르고 '네' 하며 새벽기도회를 시작하게 되었습니다. 그런데 서서할까 아냐 무릎을 꿇어야지 하는 순간 허리에서 나무를 꺾는 큰 소리가 들리는 것이었습니다. 너무 놀라서 기도회를 마친 후 김영남 권사님께 제가 그랬습니다.

"권사님 제 허리 꺾는 소리 들으셨지요?"

그랬더니 권사님은 빙그레 웃으시면서

"그것은 자네 귀에만 들리는거야" 하시더라구요.

제가 그때 교통사고로 허리를 많이 다쳐서 병원에 한 달 동안 입원치료를 받고 있을 무렵이었습니다. 그 새벽에 하나님께서 저의 허리를 고쳐주셨습니다. 그리고 얼마나 감사한지 아직까지 허리 때문에 고통 받거나, 아픈 적이 없었습니다.

또 하나 간증하겠습니다. 첫 번째 백일기도를 시작하던 때의 일입니다. 두 며느리가 동갑인데 둘째 며느리가 임신을 했는데, 아들 같다는 것입니다. 그리고 얼마 후에 이미 첫딸을 낳은 첫째 며느리도 임신했다는 소식을 들려왔습니다. 두 며느리의 임신소식을 듣고 내가 할 수 있는 것은 기도밖에 없다는 생각이 들었습니다. 그때부터 백일기도는 무엇이든지 구하면 이루어진다는 믿음을 가지고 시작했습니다. 아들이든, 딸이든 건강하게 두 며느리 맘 상하지 않게 똑같이 달라고 간절히 기도했습니다. 그랬더니 하나님께서 저의 백일기도를 들으시고 똑같이 손주를 보게 하셨습니다. 어느새 그 아이들이 어느새 자라 올해 고3이 되었습니다. 지금은 우리 두 며느리들이 제가 한 것처럼 자녀를 위해 기도하며 은혜로운 삶을 살게 해달라고 기도하고 있습니다.

간증 하나 더 하겠습니다.

세월이 얼마나 빨리 지나가는 지 어느덧 많이 내리는 눈과 같이 제 머리에도 하얗게 탈색되어 가는 동안 마음의 갈등이 많았었고 그중 하나가 가정문제였습니다. 부부가 한길로 가지 못함이 주님께 죄송하고, 자녀들한테도 그러했습니다. 주위의 곱지 않은 시선도 있었지만 그때마다 누구보다 목사님을 아끼시는 애들 아빠의 이해로 이겨낼 수 있었습니다. 여러 번 시련과 시험이 있었고, 성령님의 은혜도 있었지만 "요즘 도창교회가 부흥되었으니 이제는 함께 하자"는 애들 아빠의 말이 나를 힘들게 하였습니다.

가장 사랑하고 의지하던 사람을 미워하는 마음이 생기고 뭔지 모를 불안함이 저를 덮쳤을 때 제게 시련이 왔습니다. 몸에 이상이 생긴 것입니다. 시름시름 앓다가 병원에 갔는데 대장암으로 판정을 받고 수술을 받아야 한다는 것이었습니다. 그런데 저는 암이 두려운 것이 아니라 그동안 마음을 괴롭혀 왔던 것들이 나를 더 아프게 하고 두렵게 하였습니다. 병원에 있는 동안 수술하는 날만 빼놓고 그곳에서 새벽제단을 쌓고 기도하기 시작했는데, 눈물로 회개하며 기도했습니다.

수술 받은 2년 후에 병원으로 찾아간 저는 암이 간으로 전이되었다는 의사의 말을 듣고는 이제 천국에 갈 준비를 해야겠다는 생각을 하니 자녀들에게 뭔가 남겨주고 싶었습니다. 아직 3남매가 주님과 가까이 하지 못해 늘 마음에 짐이 되니 성경필사를 해서 남겨야 겠다고 결심을 하고 성경필사를 시작했습니다. 그때는 목사님이 제주도에 계실 때였는데, 몸도 맘도 지쳐있을 때 목사님으로부터 전화가 걸려왔습니다. "별일 없으시죠?" 하시는 말씀에 나도 모르게 "저 간암이래요" 하니 목사님께서 놀라시는 모습이 멀리 계셨지만 눈에 선하게 보이는 것이었습니다. 전화로 기도해주시고 며칠 후에 위로해 주시는 편지와 신구약 처방전을 보내주시며 아무리 먹어도 체하지 않는 약이라 하셔서 열심히 정성을 다해 수없이 읽고 받아먹었습니다. 그리고 다음날 교회에 기도하려고 갔는데 중보기도 하는 분들이 계셔서 함께 기도를 시작했는데, 그곳에 진실로 뜨거운 성령께서 역사하시기 시작했습니다. 날씨는 복중이라 몹시 더운데도 한 달 동안 하루 한 끼 금식이 아닌 하루 3끼 온종일 금식을 해가며 기도해주신 목사님과 중보기도팀, 성도님들의 사랑은 그 무서운 암도 물러가게 하였습니다. 하나님의 은혜입니다. 이 시간을 빌어 그분들 모두에게 감사의 말을 전합니다. 제가 만약 예수님을 몰랐다면 지금 이 자리에 있지 못했을 것입니다. 도창교회가 아니고서는 이런 사랑을 받을 수 있었을까 생각을 하니 너무 행복했습니다.

그러나 저도 사람인데 살면서 왜 좌절이 없었겠습니까. 병원에서 간암 4기 판정을 받고 집으로 돌아오는데 그만 개봉역에서 굴러서 큰일을 당할 뻔 했습니다. 집에 오니 막내 동서가 찾아왔습니다. 무슨 예감인지는 모르지만 큰 아들이 자기 숙모를 보내 것이었습니다. 그때서야 참았던 눈물이 쏟아졌습니다. 그러다가 정신을 차려 '내 곁에는 주님이 계신 것을 다시는 눈물을 보이지 않으리라' 는 다짐을 하고 그 다음날부터 교회에서는 기도로 집에서는 성경 쓰는 일로 하루를 보냈습니다. 어느 날은 이틀 밤을 꼬박 세워가며 쓴 적도 있었습니다. 잘 먹지도 못하는데 힘이 생기는 것이었습니다. 이 모든 것이 주님이 주시는 힘이었습니다.

만약 주님이 부르시면 천국 갈 마음으로 모든 것에 임하니 두려움은 사라지고 절로 행복했습니다. 마음도 비우고 모든 병마도 받아들이니 마음이 편안하고 안정이 되었습니다. 그러면서 2개월마다 검사를 받았는데, 4개월까지는 암세포가 변함없이 그대로 있더니 6개월 만에 깨끗해 졌다며, 무슨 약을 먹었느냐며 오히려 병원 교수님이 제게 물으시는 것이었습니다. 2006년에 수술 받고, 간암 판정 5년 후에 완치판정을 받았습니다. 들리는 말에 오진이 아니냐는 사람들도 있었지만 저는 그동안 하나님이 지어주신 신구약을 먹었습니다. 성도들의 기도와 사랑을 먹었습니다. 그러기에 제 스스로 분명히 믿었습니다. 주님께서 분명히 제 병을 고쳐주실 것이라고......

제가 도창교회 20년 역사 속에 이글을 남기게 된 것, 주님께 대한 감사와 천국이 내 마음속에 있다는 확신을 주셨기에 나도 이젠 아프고 소외된 누군가를 위해 기도하는 삶을 살길 소망합니다. 지금까지 함께 하시고 나의 병을 고쳐주신 하나님께서 우리 부부도, 자녀들도 함께 신앙생활 할 수 있도록 우리 주님께서 인도하시리라 믿습니다. 잠언 16장 9절에 "사람이 마음으로 자기의 길을 계획할지라도 그의 걸음을 인도하시는 이는 여호와시니라" 이 말씀 그대로 우리 가정이나 여기 모인 모든 성도님들을 하나님께서 인도하시리라 믿습니다.

끝으로 도창교회 20년 동안 목사님이 아팠을 때 같이 아파했고, 제가 아팠을 때 함께 아파하셨던 목사님을 비롯한 모든 성도님들께 감사드리며, 하나님께 영광을 올려드립니다. 감사합니다.

아픔도 슬픔도 치유하시는 주님

이 강 희 권사

하나님을 기쁘시게 하시는 것이 최우선이셨던 어머니, 새벽마다 눈 속을 헤치시고 교회 가셔서 우리자녀를 위해 기도 하셨던 어머니, 가난 속에서도 한푼 두푼 모아 어려운 신학생의 등록금과 책값을 내주셨던 어머니, 믿음으로 신앙의 본을 보여주신 아버지... 2남 3녀 중 장녀로 은혜로운 믿음의 가정에서 태어났습니다.

부모님의 믿음을 본받기 위해 신앙생활 한다고 했지만 형식적인 모습이 더 많았던 저는 학생부 때 장평교회 부흥집회에 참여하게 되면서 변화가 있었습니다. 부흥강사로 문성도 전도사님께서 오셨습니다. 부모님과 친구들, 저도 함께 참석 하였습니다. 주인이 아닌 손님처럼 형식적인 모습이 저에게 있었는데 집회 첫날부터 하나님은 저를 어루만져 주셨습니다. 은혜를 사모하게 되고 점점 마음이 뜨거워짐을 느낄 수 있었습니다. 드디어 마지막 저녁시간 통성기도 할 때에 강사 전도사님께서 내 몸에 손을 얹는 순간 제 입에서 혀가 꼬이며 이상한 언어로 기도하는 제 모습을 보게 되었습니다. 그때는 몰랐는데, 지금 생각해보니 방언기도였습니다.

방언이 시작되며 나의 눈에는 닭똥 같은 눈물이 뚝뚝 떨어지며 회개의 기도를 드렸습니다. 마음이 평안해지면서 하나님께서 입술을 통해 찬양을 하게 하셨습니다. 찬송가 449장 "주 예수 내 맘에 들어와 계시니" 찬양하며 예수 그리스도 십자가 보혈로서 구원해 주심에 입술로 고백하며 감사했습니다.

부흥회 때 인격적인 하나님을 만나게 하시고 기쁨으로 교회학교 교사, 성가대로 섬기게 하셨고 결혼도 하게 하셨습니다.

친정에서도 장녀인데 장남에게 시집와 시부모님을 모시고 살게 되었습니다. 시어머님은 예수님을 믿으셨고 시아버님은 약주를 좋아하시고 남편은 예수를 믿지 않았습니다. 그러나 저와 결혼하고 남편은 예수를 믿게 되었습니다. 저도 사람이라 많이 속상한 적이 있었습니다. 가정은 모른 체 하시며 찬송책 가방만 들고 교회로 가시는 어머님, 모든 가정일을 며느리인 저에게 다 맡기신 어머님이 야속할 때도 있었습니다. 그러나 "먼저 그 나라와 그 의를 구하는 일"이 먼저였던 어머니가 계셨기에 믿음의 가정으로 든든히 세울 수 있었다고 믿고 있습니다.

결혼하고 몇 년 후에, 스물여덟인 친정 여동생이 급성신부전증으로 하늘나라로 가고, 그 충격으로 친정어머님은 54세에 뇌출혈로 쓰러지셔서 하나님의 부르심을 받으셨습니다. 견딜 수 없이 마음이 아팠고 힘들었습니다. 그렇지만 저에게 하나님과 함께 하심을 믿기에 아픔도, 슬픔도 이겨낼 수 있었습니다.

2008년 7월 저녁식탁에서 국수가 맵다는 작은 이유로 남편과 말다툼을 하고 화가 나서 전 친정으로 갔습니다. 남편도 속이 상하였던지 작은 통증으로 병원에 갔는데 신근경색이란 병명이 나와 시술하게 되었습니다. 시술이 잘 되었다고 했지만 남편은 갑자기 의식을 잃었고 전 그 소식을 듣고 하늘이 무너지는 아픔을 맛보게 되었습니다. 제일 먼저 떠오르는 것이 "하나님 살려 주세요. 저희 남편 살려주세요". 진심으로 기도했습니다. 3일 동안 의식 없는 남편이 누워있는 중환자실에서 생과 사를 왔다갔다 하는 남편을 보면서 무릎을 꿇고 인내하지 못함에 회개하고 참회의 눈물을 흘리며 간절히 기도하였습니다.

감사하신 하나님께서는 저희 부부에게 찾아와 주셨습니다. 그리고 남편에게 다시 건강을 주셨습니다. 그래서 남편은 장로로, 저는 권사로 지금까지 헌신하게 하심을 하나님께 감사드립니다. 얼마 전에 하나님의 부르심을 받고 하늘나라로 가신 시어머니 김영남 권사님, 그 믿음의 유산을 물려주신 어머님께 감사드리며 자손으로서 다음 믿음의 세대를 위해 할일이 없을까? 고민하다가 남편과 뜻을 모아 도창교회 영남 장학회를 만들어 하나님 부르시는 순간까지 믿음의 자녀를 위해 후원하고 선교하며 기도하겠노라고 다짐하였습니다.

하나님의 말씀 충만한 자녀로서 이 세상 다하는 그 순간까지 기뻐하는 삶, 기도하는 삶, 전도하는 삶을 살아갈 수 있도록 열심히 봉사하며 살아가겠습니다.

감사합니다.

고난뒤에 오는 큰 축복

이 순 희 권사

저는 박창균 장로님과 한 지붕 아래 38년을 살아 온 이순희 권사입니다. 함께 하기에, 고난도, 축복도 같은 맥락에서 이루어진 것 같습니다. 하나님으로부터 받은 축복에 통로는 같지만, 하나님이 우리 가정에 어떻게 역사하셨는지를 우리 성도님들과 함께 나누려고 합니다.

장로님 정년을 6년 남긴 상태에서 에이스 아파트로 이사를 하게 되었습니다. 그때만 해도 도창동은 공기 좋고, 사계절이 뚜렷하고 안개 낀 호조벌 들녘은 환상 그 자체 아름다움이었습니다.

처음으로 아파트생활을 시작했기에 너무 기쁘고 행복했습니다. 15번의 많은 이사로, 때마다 어느 교회를 택하여 가느냐가 제일 큰 어려움이었습니다. 큰교회, 작은교회, 이교회, 저교회로 2-3개월을 찾아다녔던 것 같습니다. 마지막으로 도창중앙교회를 찾아왔을 때 그 느낌은 정말 포근하고 사랑과 평강이 있는 교회라는 생각이 들었습니다. 그리고 젊은 헌신 봉사자가 필요한 교회라는 생각도 하게 되었습니다.

당시 저의 가정은 개척교회를 하고 있는 시동생 교회를 돕기 위해, 먼 태능까지 다니고 있었습니다. 집 가까운 교회에서 헌신하고 싶었던 우리 가족은 가족회의 결과 세 딸 모두 다 아빠 엄마가 정한 교회로 함께 가겠다고 의견의 일치를 이루었고, 도창교회에 나가게되면서 찬양대로, 반주자로 교회에 헌신하게 되었습니다. 그러한 일들로 우리 가정은 행복했고, 감사했습니다. 하지만 사탄은 우리 가정의 행복을 무너뜨리려고 우는 사자처럼 달려들었습니다.

당뇨로 인해 근 30여년을 투병하시던, 1년이면 3-4번은 의례적인 행사로 병원에 입원하시던 어머님이, 이번에는 당뇨 합병, 심장병으로 전남대학병원 중환자실에 입원하면서, 힘겨움이 시작되었습니다.

7남매 장남 며느리로, 8남매 막내딸로서, 어머님의 병원생활 동생들의 결혼을 비롯하여 왜 그리 애경사는 많은 지, 아버님 위암으로 소천하시고, 시동생인 박목사님의 가정이 미국으로 떠나게 되어 집 담보로 융자를 내어 보내고, 저희 장로님 좋은 직장 다녔음에도 저축이라는 것은 꿈도 꾸어보지 못하고 항상 경제적으로 어렵기만 했던 생활이었습니다.

병원에서 가망이 없다던 어머님이 조금 차도를 보이자, 앰블런스로 부천 세종병원에 입원, 2번의 심장 수술과 많은 약을 드시므로, 위에 천공이 나서 인천 길병원에서 위 수술, 그리고 팔이 부러져서 연합병원에서 2번의 철침을 박고 당뇨로 발에 괴사가 일어나, 다리를 절단하시는 등 이런 힘든 과정 속에서 노년을 준비하지 못한 채 남편 장로님이 퇴직을 맞이하게 되었습니다.

경제적으로 힘든 것뿐만 아니라 치매로 하루 종일이라도 움직이지 않고 그 자리에만 앉아 계시는 시어머니, 또 잠시도 쉬지 않고 얘기를 하시며 밖으로만 나가실려고 하는 친정어머니 두 분의 어머니를 모시면서, 힘듬과 갈등 속에 버티고 있던 저를 이해하지 못하고 무심하기만 한 남편이 야속하기만 했습니다.

지금 생각해 보면 남편은 남편대로, 저축한 돈은 없고, 어머니는 매번 병원 신세에, 퇴직 후에 상실감과 무력증에 빠져 있던 남편을 제가 이해하지 못했던 것 같습니다. 그렇게 서로 이해하지 못하고 대화가 되지 않아 두 번의 가정의 위기가 있었습니다. 그때마다 하나님께서 우리 가정을 도창교회에 붙드시고 머물게 하셨습니다.

그러던 어느 날 남편이 이제는 더 이상 살 수 없으니 나주 집으로 정리하고 가자고 하였습니다. 여러 가지 문제로 서로 대화가 되지 않아 말다툼 끝에 저는 결심을 하고, 가방을 싸들고 집을 나왔습니다. 막상 나오니까 갈 곳이 없었습니다. 새벽예배 때를 기다려, 가방을 교회 보일러실에 두고, 교회로 올라가 예배를 드리는데, 그날따라 목사님 설교 말씀이, 누구에게나 시련과 고난이 있는데 믿음으로 잘 극복했을 때, 그 뒤에는 분명히 하나님의 큰 축복이 있으며, 이 세상의 삶은 청지기 관리자의 삶이라는, 그런 내용의 말씀을 하셨습니다. 저도 모르게 울컥 눈물이 쏟아졌고 제가 할 수 있는 것은 아무것도 없다는 것을 새삼스레 인식하고서 하나님께 모든 것을 의지합니다 하며 짐을 내려놓고서야 마음의 평안을 찾게 되었습니다.

"주님... 저 어떻게 하면 좋을 까요" 새벽마다 소리 없이 울며 기도하던 어느 날 김주석 목사님을 찾아가 "목사님, 어쩔 수 없이 나주로 이사를 해야 할 것 같다"는 가정 이야기를 하면서, "시골로 가면은 저 죽을 것 같아요." 라고 했습니다. 저도 당뇨가 있고, 무릎관절이 좋지 않아 도저히 농사를 지을 수 없을 것 같았습니다. 제가 그렇게 말씀드렸을 때 우리 목사님께서도 "절대 가시면 안 됩니다. 우리 기도합시다" 그렇게 말씀해 주시는데 정말 나에게 얼마나 위로가 되고 큰 힘이 되었는지 말로 표현할 수 없을 정도입니다. "항상 기뻐하고 항상 감사하며 쉬지 말고 기도하라(데전5:16-18)"고 하신 주님의 뜻이 나의 삶속에서 기뻐할 수 없을 때도 기뻐하고 감사할 수 없을 때에도 감사한 것이 은혜이고 하나님의 은총임을 깨닫게 했습니다.

우리 하나님은 생각지도 않은 것에 역사하시는 것을 저는 보았습니다. 당시 권사님이셨던 남편이, 장로님으로 피택 받으면서, 완전히 시골 살림을 정리하기로 했습니다. 장로님은 우리 교회를 섬기면서 하나님이 부르시는 그날까지 참 일꾼으로 교회를 지키며 섬겨야 한다고 생각했기 때문에 그때부터 시골 정리를 위해 기도하게 됐습니다. 땅을 팔려고 해도 팔리지 않던 땅이, 혁신도시가 된다는 소식에 팔리게 되면서 하나님께서 축복의 하늘 문을 열어 주시니까 모든 문제들이 하나하나 풀리기 시작했습니다. 파산 직전까지 갔던 생활이 십일조를 하나님께 드리고 빚을 다 청산하고 나니까 한 3천만 원 정도가 남았습니다. 그 돈을 가지고 안산 부동산중개소를 다 돌아다녔지만 전셋돈을 다 안고 산다 해도 현찰 1억 이상은 있어야 집을 살 수 있었습니다. 그래서 포기하고 있었는데, 한 부동산중개소에서 연락이 왔습니다.

좋은 집이 급하게 나왔으니 와서 보라는 것입니다. 돈이 턱 없이 부족하지만 한 번 가서 보기라도 하자는 마음으로, 적벽돌 4층 집을 보고 오면서, 부동산중개사에게 솔직하게 말했습니다. "정말 미안하지만, 우리에게는 돈이 2-3천만 원 밖에 없습니다. 시흥 아파트가 팔리면 몰라도...... 죄송합니다"라고 하면서 돌아오는데 전화가 다시 걸려왔습니다. 주인이 급해서 그러니 마음에 든다면 그동안 집수리 하면서 들어간 돈 2500만원만 주고, 서류는 이틀 후 월요일에 완전히 넘겨주는 조건으로 계약을 하자는 것이었습니다. 그리고 집 주인은 춘천에서 목회를 하고 계시는 목사님이 지으신 집으로 상속받은 집이라는 말을 하였습니다. 그때 생각들기를 이것은 하나님이 우리에게 주신 축복이구나 생각하고, 무조건 계약을 했습니다.

계약을 하고 돌아오는 길에 매화동에 있는 부동산중개소에 들려, 에이스아파트를 팔겠다고 했더니 겨울이라서 집값도 떨어지고, 사러 오는 사람들도 없다는 것이었습니다. 조급한 가운데 40여일이 지난 후 첫 번째 오는 손님이 8층의 집도 나왔기에 보고 또 우리 집도 보러 왔다면서 8층집보다 5백이 더 비싸네요? 하시면서 "저는 과림동 황현교회 목사"라고 하시는 거였습니다. 집도 깨끗하고 베란다의 화단이 너무 좋아서 그냥 사시겠다는 겁니다. 이것이 하나님의 역사하심과 축복이 아니고 무엇이겠습니까? 파산 직전까지 갔지만 그 고난을 이겨내니 하나님의 큰 축복을 받을 수 있었습니다. 지금은 11세대의 주인으로서, 짐에 나오면서도 감사, 들어가면서도 감사, 항상 감사하며 살고 있습니다. 401호는 우리 두 부부가, 302호는 큰딸 가정이, 202호는 둘째 딸 가정이 이렇게 행복하게 살고 있습니다. 다시금 지나 온 세월을 되돌아보면 모든 순간이 하나님의 은혜였음을 고백합니다. 또한 하나님께서 저에게 주시는 말씀은 바로 이것이라 믿습니다. 예레미야 33장 3절 "너는 내게 부르짖으라 내가 네게 응답하겠고 네가 알지 못하는 크고 비밀한 일을 네게 보이리라" 아멘. 감사합니다.

작은 기도에서 큰 기도로

최 길 자 권사

부족한 저에게 간증할 수 있도록 허락해 주신 하나님께 감사드립니다.

저는 육남매 중 맏딸이고 시집에서는 8남매 중 둘째 며느리입니다.

친정 부모님께서는 불교도여서 저도 어머니 따라 가끔 절에 다녔지만 어쩐 일인지 교회에도 가고 싶었습니다. "아버지 저 교회에 가고 싶어요" 말씀 드렸더니 친정아버지께서는 시집가면 남편하고 다니라고 말씀하셨습니다. 그래서 교회를 일찍 나가지 못했습니다. 하지만 친정아버지 말씀대로 결혼하고 나서 남편 따라 교회를 다니게 되었습니다.

교회에 꼭 가고 싶은 마음보다 주일에 교회를 다녀오지 않으면 마음이 편하지 않았습니다. 뭔가 모를 왠지 불안함 같은 것이 있었습니다. 그러던 중 시편 42:5 "내 영혼아 네가 어찌하여 낙망하며 어찌하여 내 속에서 불안하여 하는고, 너는 하나님을 바라라 그 얼굴의 도우심을 인하여 내가 오히려 찬송하리로다."는 약속의 말씀을 붙잡고 기도 하게되면서 포근하게 안아 주시는 주님의 품을 경험하고 편안함을 얻게 되었습니다.

개봉동에서 한 교회를 15년 동안 다니다가 시흥에 이사 왔는데 다닐 교회를 정하지 못하고 있었습니다. 어느 날 수영이가 도창교회에 한번 가서 예배를 드리고는 등록을 하였습니다. 그래서 우리도 도창교회에 나가자고 하면서 등록을 하게 되었습니다. 지금 생각하면 이 모든 것이 훌륭하신 목사님과 우리 교회성도님들을 만나게 하시려는 하나님의 은혜인줄로 믿습니다.

우리 석규 이야기를 하려고 합니다. 석규는 국문학과를 다녔는데, 법원 공무원 시험을 공부 한다고 그 좁은 쪽방에서 기거하고 있었습니다. 저는 그때부터 아들을 위해서 새벽기도를 다녔습니다. 처음 며칠은 안 하다 하려니까 무척 힘이 들었습니다. 그래도 석규에 비하면 덜 힘들겠지 하면서 일 년만 하면 되겠지 했습니다. 그런데 그게 아니고 올해만 하면 되겠지 했는데 그것도 아니고 올해는 꼭 되겠지 그런데 그것도 아니고 그렇게 삼년 동안 아들을 위해 기도하게 되었습니다. 그리고 나서야 하나님께서 저의 기도를 들어주셨습니다.

그런데 지금 생각해보면 우리 하나님께서 새벽에 일어나는 것을 알려주시려는 하나님의 섭리인 것을 깨닫게 되었습니다. 처음에는 석규를 위해 기도를 시작했지만 점점 주위 이웃과 형제, 친척들을 위해 기도를 심을 수 있었습니다. 하나님이 우리를 항상 지켜주시며 인도하여 주신다는 것을 믿을 때 더욱더 열심히 말씀 속에 살고 내 이웃을 사랑하며 믿지 않는 형제를 위해 열심히 기도로써 그들을 주님 앞으로 인도해야겠다고 다짐했습니다.

하나님 아버지 감사합니다. 새벽에 일어날 수 있도록 힘과 건강 주심을 감사합니다. 그리고 깨우쳐 주신 것 감사합니다. 앞으로도 하나님 아버지께 모든 것 맡깁니다. 주님이 주관하여 주셔서 날로 날로 새로운 삶을 살게 해주세요.

감사합니다.

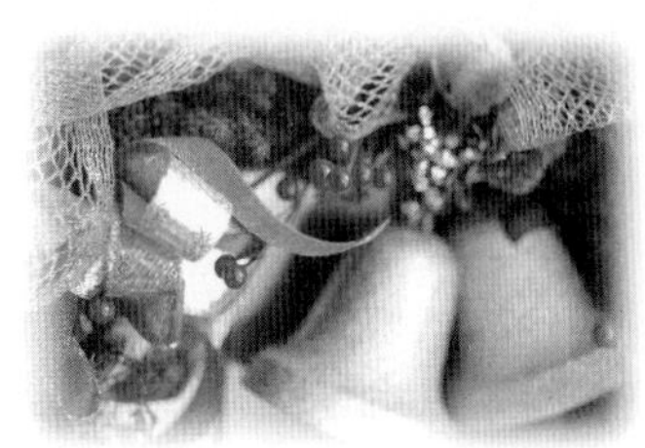

삶의 계획과 하나님의 인도하심

김 필 진 권사

저는 경상북도 상주가 고향입니다. 어렸을 때 전도부인이라는 지금으로 말하면 전도하는 사역자라고 할 수 있는데, 그분에게 말씀을 듣고 교회에 다니게 되었습니다. 하지만 제 믿음생활은 오래가지 못했습니다.

그러다가 믿지 않는 가정에 시집을 갔습니다. 시어머니의 눈치를 보며 시집살이를 해서 신앙생활은 꿈에도 생각을 못했습니다. 속병이 들어서 유행가도 부르고, 어렸을 때 배웠던 찬송가도 부르면서 생활했지만 제 몸과 맘은 지쳐만 갔습니다. 어느 날 교회에서 성가대 지휘를 하는 시동생이 저희 집에 와서 제 얼굴빛이 안 됐다고 말하는 순간 얼마나 눈물이 나던지 한동안 말을 하지 못했을 정도였습니다. 그러면서 저에게 "형수 이제 교회에 다니자"고 말하는 겁니다. 그때부터 기둥교회에 열심히 나가기 시작했는데 그때 나이가 아마 40이 되었을 겁니다.

믿음생활한 지 약 10년쯤 지난 어느 부흥회 마지막 날 그때 목사님이 정확히 기억나지는 않지만 "아픈 사람은 아픈 곳에 손을 얹고 기도하라" 말씀하시면서 "회개하라"는 말씀을 하셨는데, 제가 눈물로 회개 하면서 기도하다가 이상한 말을 하는 체험을 했는데, 그게 방언이라는 사실을 나중에서야 알게 되었습니다. 그런데 맘이 그렇게 편안할 수가 없었습니다. 집에 왔더니 며느리가 제 모습을 보고는 교회에서 무슨 일이 있었느냐고 묻는 것이었습니다. 얼굴이 너무 평온하다는 말을 하더군요. 얼마나 맘이 평안한지 이루 말할 수가 없었습니다. "항상 기뻐하고 항상 감사하며 쉬지 말고 기도하라(데전5:16~18)"고 하신 주님의 뜻이 저의 삶속에서 기뻐할 수 없을 때도 기뻐하고 감사할 수 없을 때에도 감사한 것이 은혜이고 하나님의 은총임을 깨닫게 됐습니다.

제 큰딸인 선교사의 이야기를 할까 합니다. 부천 기둥교회에서 믿음생활을 하던 때에 그 교회는 기도회가 많아서 기도할 수 있는 기회가 많았습니다. 딸이 교회의 단기선교팀과 함께 말레이시아 선교여행을 떠났을 때였습니다. 딸을 위해 기도 하던 중 "걱정하지 말라" 는 주님을 음성을 듣게 되었는데, 그때 큰딸을 중국 선교사로 보내시겠다는 음성도 들려주셨습니다. 저는 걱정이 되었습니다. 그런데 하나님은 "네가 보내는 것이 아니라 내가 보낸다." 고 말씀하시는 겁니다. 더 이상 걱정할 이유가 없어져서 그 일을 잊어버리고 있었습니다.

그리고 시간이 흘러 도창동으로 이사와 도창교회에서 신앙생활을 계속하게 되었습니다. 교회에서 누군가를 선교사로 보낸다는 말씀을 목사님께서 하셨는데, 그때서야 딸을 중국으로 보내신다는 말씀이 생각이 났습니다. 큰딸에게 말하였더니 "그것을 왜 이제야 이야기 하느냐며 진작 이야기했으면 미리 준비했을 것 아니냐" 하는 것이었습니다. 하나님은 말씀하신 그대로 큰딸을 중국선교사로 보내셨습니다. 그때 딸을 위해서 얼마나 기도했던지 한번은 딸이 중국말을 모르고 갔기에, 그래서 언어가 통하지 않을 것 같아 중국 방언을 하면 말이 통할 것 같아 중국 방언으로 말하게 해달라고 기도하였습니다. 그랬더니 딸이 받은 게 아니고 제가 중국방언을 받았습니다. 이것 또한 하나님의 은혜라 생각합니다. 저는 하나님께서 분명히 살아계시고 저의 삶을 치밀한 계획 속에서 인도하고 계신다는 것을 확실히 깨닫게 되었습니다.

저는 한평생 가방을 들고 다닌 적이 없습니다. 성경책 가방이 제가 가지고 다닌 처음 가방이자 마지막 가방이 될 것입니다. 많이 배우지 못해서 성경을 마음껏 읽고도 싶고, 마음껏 찬양도 하고 싶은데 글자를 몰라 너무 답답해서 "하나님 성경도 찾고 싶고, 찬양도 마음껏 부를 수 있도록 도와주세요." 기도했더니 하나님께서 '연필을 잡으라! 그리고 쓰라'는 말씀을 주셨습니다. 그래서 성경 빈곳에 무슨 말이지도 모르는 글자를 쓰게 되었습니다. 그리고 또 시간이 흘러 도창교회에 와서 글 배우는 심정으로 신약성경을 필사하기 시작했습니다. 한참을 쓰다가 할아버지(남편)가 당뇨가 심해져서 병원치료를 받고, 작은딸의 손주들을 돌보는 일에 바빠서 한동안 성경 필사하는 것을 잊고 살았습니다. 그러다 할아버지도 하늘나라도 가시고, 이제는 손주들도 다 커서 성경필사도, 성경 읽기도 마음껏 할 수 있게 되었습니다. 성경필사는 자녀가 셋인데, 그 자녀들에게 믿음의 유산으로 하나씩 물려주려고 성경필사를 세 번을 했고, 그리고 성경통독도 2012년에 세 번이나 하였습니다. 작은딸 집에서 한 번, 새벽기도시간에 한 번, 집에서 한 번 틈나는 대로 성경을 읽고 또 읽었습니다.

연필을 잡으라, 쓰라는 말씀에 처음에는 글자 배우겠다는 심정으로 성경필사를 했는데, 이제는 성경말씀도 읽고 그 말씀이 맘속에 들어오고 말씀을 읽다가 은혜를 받아서 울면서 방언기도를 한 적도 있었습니다. 아마 영으로 나를 깨우쳐 주시는 주님의 은혜가 감사해서 눈물이 났었나 봅니다. 그리고 배우지 못한 나의 한탄에 하나님이 "내가 널 얼마나 사랑하는지 아느냐"는 주님의 은혜가 아니였나 생각해 봅니다.

도창교회에서 예수님을 섬기면서 저에게 주신 은혜가 많지만 가장 큰 은혜 받은 것이 있다면 그것은 성경을 쓰게 된것, 성경 통독한 것, 이것이 가장 자랑스럽고 감사하게 생각됩니다. 하나님을 가까이 함으로 지혜로운 자가 되어 믿음을 잘 지켜 나가는 복된 날들을 날마다 간구하며 성령이 충만한 삶이되기를 오늘도 기도드리며 하나님의 은혜와 사랑에 감사 감사드립니다.

믿음의 가정을 이루게 하시고

최 분 여 권사

저는 30대 초반부터 신앙생활을 시작했습니다. 지금 나이가 70대를 갓 넘었으니까 신앙생활 한 지가 한 30~40년은 된 것 같습니다.

오랜 신앙의 여정 속에서 크고 작은 신앙의 체험이 있었지만 그중에 가장 중요한 것은 예수 믿게 된 동기라고 생각 되어서 그 간증을 말씀드리려고 합니다.

저는 무남독녀 외동딸로 태어났습니다. 그래서 남들 다 있는 친정이 없습니다. 너무 불쌍하지 않나요? 친정이 없으니 너무 외롭고 속상할 때도 많이 있었습니다. 남편하고 싸워도 어디 가서 하소연 할 때도 없고, 스트레스 풀 수 있는 곳도 없으니 참 불쌍한 인생이 아닐 수 없습니다. 그래도 참으로 다행인 것은 예수 믿게 된 것이라 생각하며 매사 감사한 마음으로 생활하고 있습니다. 왜냐하면 성도들 모두가 다 내 형제요, 자매라 생각하니 감사할 따름입니다.

친정아버지 친구 분의 소개로 지금 남편과 결혼을 했습니다. 결혼을 한 후 2-3년쯤 지나서 남편이 사업을 시작했는데 국수공장이었습니다. 처음에는 조금씩 해서 동네 사람들에게 팔곤 했는데 어느 날 군청에서 나왔다는 사람이 허가를 받아야 한다고 해서 넓은 대지를 사서 공장을 짓고 사업을 계속했습니다. 그 당시는 못사는 시대라 그 사업이 정말 잘 되었습니다. 그래서 많은 돈도 벌고 부자 소리도 듣고, 사장님 소리도 들으며 살았고, 자녀들 4남매를 다 대학에 보낼 수 있었습니다.

그렇게 바쁜 삶을 살고 있는 어느 날 우리 동네에 조그만 집 방을 얻어서 개척을 하시는 목사님이 계셨는데, 표창배 목사님이시라고 참 뜨겁고 열정적인 목사님이셨습니다. 그 목사님께서 남편을 전도 하신 겁니다. 우리가 큰길가에 살았기 때문에 목사님은 오며 가며 만나면 전도를 하셨습니다. 어느 날 교회에서 부흥회를 한다고 꼭 좀 참석을 해달라고 목사님이 간곡히 부탁을 하셨습니다. 그래서 제 남편은 마지못해 교회를 가게 되었습니다. 그리고 갔다 와서 하는 말이 '세상에서 들어보지 못한 이야기'를 하더라는 것이었습니다. 저는 궁금해서 어떤 이야기를 했느냐고 물었더니 어쨌든 못 듣던 말이랍니다. 그러더니 가끔씩 남편은 저녁식사를 마치고 집을 나서는 것이었습니다. 주일날은 바쁘니까 밤으로만 가끔씩 나갔는데 어느 날 밤에는 나보고 교회를 가자고 하는 것이었습니다. 그래서 그랬지요 "나는 천천히 나갈테니 당신이나 어서 다녀오세요." 그러고 저녁 설거지를 하려 하는데 전기불을 막 끄는 겁니다. 그래서 어쩔 수 없이 따라가게 되었습니다. 저는 남편 말을 거역할 수가 없었습니다. 남편이 워낙 고집이 있어서 누구도 말릴 수 없었습니다. 그래서 그때부터 지금까지 신앙생활을 하게 되었습니다.

처음 신앙생활을 개척교회에서 하다 보니 알게 되었는데 개척교회는 남자 신도의 수가 매우 적습니다. 그러다보니 목사님은 남편에게 교회일을 많이 맡기셨습니다. 목사님께서 교회를 비우시는 날은 수요예배도 인도하게 하시고, 구역예배도 인도하게 하시고 그랬습니다. 아마도 목사님은 남편이 믿음이 빨리 성장하기를 원하셨던 것 같습니다. 그래서인지 세미나에도 보내시고, 부흥 집회도 같이 다니시고, 심지어는 기도원에도 같이 다녀오곤 했습니다. 그때는 막 시작한 믿음이라 뜨거웠습니다. 지금은 그때의 첫 믿음에 비할 수 없겠지만 남은 삶도 더욱 하나님 말씀에 집중하며 순종하여 하나님이 기뻐하는 자녀로 살겠다는 다짐을 합니다.

제가 무엇보다 감사한 것은 남편이 먼저 예수님을 믿지 않았으면 절대로 저는 예수 믿지 못했을 텐데 우리 하나님께서 저를 사랑하셔서 남편을 먼저 예수 믿게 한 것을 정말 감사하게 생각합니다. 가만히 생각해보면 다른 가정은 다들 여자 분들이 먼저 믿고 남편을 전도하는 경우가 많은데 저는 반대의 경우가 아닙니까.

남편은 워낙 자기주장이 강합니다. 기면 기고 아니면 아닌 아주 확실한 성격입니다. 그래서 예전에 제사 지내던 것도 예수님 믿고부터 예배로 바꾸었습니다. 홍천에 집안들이 많이 있는데 왜 예전에는 서로 서로 다니면서 제사를 지내잖아요. 이집에 제사면 우르르 몰려가서 제사지내고, 저 집이 제사면 또 그 집에 가서 제사지내고 그랬습니다. 저희가 예배를 드리면서 친척들의 왕래가 끊겼습니다. 그래서 많은 핍박도 받고 조롱도 받곤 했습니다. 그래도 그런 것을 두려워하지 않고 꿋꿋하게 믿고 나가는 것을 보고는 저도 남편이 참 대단하다는 생각을 했습니다. 웬

만하면 신앙을 포기하였을 겁니다. 집안에서 외톨이로 따돌림 당하는데도 천국과 지옥을 확실히 알기 때문에 그러한 핍박을 받아도 아랑곳하지 않고 지금까지 주님만 바라보며 왔습니다. 소중한 남편을 만나 아름다운 가정을 이루게 하시고 남편과 함께 한 곳을 바라보며 갈 수 있음에 감사하며 하나님의 은혜에 감사할 뿐입니다.

이 믿음 지켜주신 하나님께 감사와 영광을 돌립니다. 아멘.

포기의 순간 예수 그리스도를 붙들고

오 상 임 권사

저는 술 좋아하는 남편을 중매로 만나 결혼을 했습니다. 그래서 딸 하나, 아들 하나 남매를 낳고 사는데 농촌 생활이 넉넉하지 못해 늘 어렵고 힘든 시절을 보냈습니다. 남편은 술 좋아하는 사람이라 도두머리에 내려오면 술을 먹고 저를 힘들게 합니다. 그 술이 다 깰 때까지 반복되는 말 때문에...

술을 먹고 와도 밥을 꼭 먹는 사람인데 어느 날인가는 밥상을 차리라는 것이었습니다. 식사를 하면서 반복되는 말을 하기에 밥 먹고 이야기하라고 했더니 밥 안 먹는다고 하면서 상을 마당으로 던져 버리고 말았습니다.

처음에는 옆집 식구가 볼까봐 다 부서진 상을 치웠습니다. 두 번 세 번 밥상이 날아갔는데 그때는 제가 화가 너무 많이 나서 버릇을 고쳐야 되겠다는 생각이 들어 그대로 두었습니다. 딸 인선이가 고사리 같은 손으로 깨지지 않은 스텐 밥그릇 수저를 하나씩 주워 가지고 들어오면서 "엄마 왜 안 치워?" 하는 말에 마음이 무척 아팠습니다. 그때 저는 결심했습니다. 밥상을 사지 않겠다고...

그런데 며칠 후 손님이 오셨습니다. 점심 식사를 대접해야 하는데, 밥상이 없어서 어떻게 할까 고민하다가 신문지를 바닥에 깔고 드렸습니다. 손님이 하는 말이 "왜 밥상은 어떻게 하고?" 그래서 저는 아무 말을 못했습니다. 남편이 "저 때문에 그래요" 라고 하는 것이었습니다.

다음날 남편이 밥상을 사오라고 해서 내 손으로는 절대로 사오지 않는다고 했더니 미안하다고 다시는 안 그런다고, 말하기에 나가서 밥상을 사왔습니다.

남편은 약속은 잘 지키는 사람입니다. 술을 먹어도 할일은 다 하는 사람인데 가족을 힘들게 하니까 괴로웠습니다. 그런 생활이 반복되다 보니 사는 게 재미가 없고, 심적으로 굉장히 부담스러웠습니다. 우리 어머니 김영남 권사님이 저희 집에 오시면, 가끔 제 속마음을 털어놓았습니다. 그러면 어머니는 제 이야기를 다 들어주시고, 저를 위로해 주셨습니다. "하나님 앞에 기도해라, 다 네 몫이다"라고 권면해 주셨습니다. 어머니 말씀을 듣고 "우리 남편 술, 담배 끊고 하나님 앞에 나올 수 있도록 인도해 주세요"라고 하나님 앞에 간절히 기도하였습니다.

그동안 기도할때마다 크고 작은 어려운 일들이 있었지만 남편은 깨닫지 못하고 술은 점점 더 자주 먹고, 몸은 불어서 허리가 40인치 옷을 입을 정도가 되었습니다. 그날도 술을 많이 먹고 와서 욕실로 샤워하러 들어가다가 미끄러졌는데, 며칠 후에 보니 넘어진 쪽이 먹장 갈아놓은 것처럼 시커멓게 되었습니다. 시간이 지나도 멍든 것이 없어지지 않아서 병원에 갔습니다. 의사 선생님 말씀이 빨리 큰 병원에 가서 검사해 보라고 했습니다. 삼성 의료원에 가서 검사한 결과 술을 너무 많이 먹어서 간경화 말기라는 진단이 나왔습니다. 그런 와중에 제가 다니던 교회는 피치 못할 사정으로 문을 닫게 되었습니다. 그래서 어느 교회를 가야 할까 생각 중 이었는데, 김주석 목사님이 권사님들과 함께 심방을 오셨습니다. 예배를 드린 후 목사님 하시는 말씀이 우리 교회에서 지금 인선 아빠를 위해 중보기도 하고 있으니까, 교회에 나와 기도하라고 말씀하셨습니다. 그때부터 도창교회 나와서 하나님 앞에 기도하게 되었는데, "우리 남편 의사의 손길을 통해 치료받게 하시되, 주님께서 만져주세요. 히스기야 왕을 치료하시고, 생명을 15년 연장시켜 주신 하나님! 우리 남편 치유 받고 건강해져서 하나님 앞에 순종하는 일꾼 되게 해주세요." 라고 기도했습니다. 남편이 두 달에 한 번씩 검사를 받았는데, 기도를 드린 후부터 건강상태가 좋아지고 있었습니다. 하나님 앞에 중보기도를 하니 응답하셨습니다. 그런데 새벽기도는 다니는 거리가 있어서 "하나님 새벽을 깨워 기도하는 믿음의 동역자를 붙여 주세요, 아니면 육신의 장막을 옮겨 주시던 지요?" 하고 기도했더니 정교채 목사님이 우리 교회로 오시게 되어서 같이 차를 타고 다니면서 새벽기도를 할 수 있었습니다. 어느 날부터는 우리집에서 나오는 끝에 사시는 경동비철 박집사님이 새벽을 깨우는 동역자가 되어 함께 기도드리고 있습니다.

하나님은 저의 기도를 들어 응답하시고, 지금 저의 남편은 술, 담배 끊고 건강해져서 교회에 나와 예배 잘 드리고, 세례도 받았습니다. 세상 속에서 경제적 어려움, 질병의 고통, 가족 간의 갈등, 때때로 빠져드는 신앙적 회의, 삶의 우울 앞에서 포기하고 싶었던 많은 시간들 속에서 그 모든 것을 이기는 힘은 오직 예수 그리스도뿐임을 알게 되었습니다. 또한 하나님과 교우여러분의 사랑에 감사드리며 더욱 열심히 기도하고 주님의 사랑에 작게나마 응답하는 인생이 되도록 다짐합니다.

실망과 좌절도 성화의 한 과정

김 진 숙 권사

할렐루야 하나님 감사합니다. 부족한 저의 입술을 통해 하나님의 사랑을 간증하게 하심을 감사드립니다. 저의 신앙은 초등학교 때의 신앙이 전부였습니다. 믿지 않는 가정으로 시집와서 아무 문제없이 잘 살았습니다. 교회를 가야한다는 생각은 늘 마음속에 자리 잡고 있었지만 엄두가 안 났습니다.

1986년 남편이 직장에서 밤늦게 퇴근하던 길에 음주운전으로 사고를 냈습니다. 그때 친정 나들이 갔던 저에게 시누이로부터 아침밥 든든히 먹고 잘 내려오라는 연락을 받고는 예상치 않음을 느꼈습니다. 아니나 다를까 음주운전으로 과속을 하면서 신천교회 앞 전봇대를 들이받고 창문 밖으로 몸이 튕겨져 나왔습니다. 다행히 새벽2시에 택시 기사분의 눈에 띄어 세종병원으로 옮겨져 생명을 구할 수 있었습니다. 장 파열이 되어 너무 고통스러워 하는 남편을 보며 그래도 생명을 살려주심에 감사했습니다.

의사 선생님께서 수술 중에 수술실로 저를 불러 남편의 열어제친 가슴을 보며 설명을 해 주셨습니다. 개복한 남편의 속은 닭 잡았을 때의 내장과 다를 바 없었습니다. "어제 참 잘 드셨네요" 하면서 창자를 주물러 가며 증류수로 씻었습니다. 정말 끔찍했습니다. '동물과 다를 것이 없구나' 하며 많이 놀랐습니다. 의사선생님은 "수술 잘 해드릴테니 밖에서 기도하고 있으라"고 하셨습니다. 하나님은 그때부터 역사하셔서 믿는 의사선생님의 손길을 통해 수술하게 하시고 기도하게 하셨습니다.

건강이 회복되면서 남편과 같이 매화교회에 등록하고 교회를 나가기 시작했습니다. 20년 전에 도창교회가 세워지면서부터 그동안의 미지근하던 믿음이 새로운 맘으로 신앙생활을 했습니다. 보잘 것 없는 저에게 그 당시 전도사님이시던 목사님께서 힘이 된다고 격려해 주시니 더욱 최선을 다해 즐거운 마음으로 믿음 생활을 했습니다. 그러나 10여년 만에 시련은 또 찾아왔습니다. '오디오의 대명사'인 인켈 대리점과 아남 TV 대리점을 크게 하다가 IMF를 맞이했습니다. 가세는 기울어져 몇 년 만에 지금의 도창성당 지리인 대지 400평의 대궐 같은 큰 집을 날렸습니다. 그때 생존해 계시던 시어머니께 너무 죄송했습니다. 애써 일궈 놓은 큰 재산이 순식간에 없어진다 생각하시며 얼마나 견디기 힘드셨을까 하는 생각에 가슴이 아팠습니다. 저는 지하셋방도 괜찮은데 어머니하고, 동욱이가 걱정이라고 말씀드렸더니 오히려 어머니께서 이 늙은이까지 생각해주니 고맙다고 하시면서 '하늘이 무너질 것 같은 힘든 상황에서도 우리 식구 건강하니 괜찮다'고 위로해 주셨습니다. 또한 동욱이도 바르게 자라주어 하나님의 은혜에 감사할 따름입니다.

정말 하나님께서 이렇게 큰 시련도 감당하게 하시는 담대함을 허락해 주셨습니다. 제 얼굴만 봐도 은혜가 된다는 권사님의 말씀과 너희 얼굴은 돈 없는 사람들 같지 않다는 친정아버지의 말을 들으면서 '아! 이것이 하나님의 은혜구나' 하는 것을 깨달았습니다. 비천에 처할 줄도 알고 풍부에 처할 줄도 아는 자족하는 은혜를 주셨습니다. 목사님께 이사를 가야한다고 말씀 드렸습니다. 그랬더니 목사님께서 "너무 멀리 가지 말고 교회에서 500m 이내로 이사 하라고 하셨습니다. 아마 '잃어버린 양'이 될까 염려하셔서 기도하시면서 주저앉히신 게 아닌가 싶습니다. 임시로 금강 아파트에 한 달간 살다가 에이스 아파트로 이사했습니다. 이사한 지 일주일 만에 어머니가 사고로 머리를 다치셔서 쓰러지셨습니다. 그땐 정말 하나님께 오기와 반항이 생겼습니다. 갈 때까지 가보자 하는 독한 마음이 생겼습니다. 모든 것이 다 싫었습니다. 어쩌면 이럴 수가 있나 하면서 좌절했습니다. 1년의 병원 생활과 2년 동안 앓아 누우셨던 어머니가 소천하시고 지금은 병간호가 제 달란트인지 9년째 친정엄마를 돌보며 서울을 오가고 있습니다.

그동안의 남편은 믿음이 자라면서 2007년도에 세례도 받았습니다. 그리고 과거에 2200V의 감전 사고와 큰 교통사고에서 살려주신 것이 다 하나님의 뜻이라는 고백을 합니다. 빠짐없이 새벽제단을 쌓으며 2번의 성경통독과 성장하는 믿음의 남편을 바라보며 하나님의 역사하심에 감동을 받습니다. 정말 격동의 30년을 살아온 거 같습니다. 하나님의 능력으로 능히 넉넉히 이기게 하시니 감사합니다.

얼마 전부터 남편과 연이어 쓰는 성경 필사를 시작했습니다. 내년엔 집사 직분을 받고 더욱더 기도하며 하나님께 영광 돌리는 삶을 살겠습니다. 지금 저는 지난날의 실망과 좌절의 늪을 지나 성숙된 신앙의 과정을 통과하고 있으며 이과정은 남은 생애가 끝나는 날까지 이루어나가야 할 성화의 한 과정임을 믿습니다. 또한 저는 이 고난으로 하여금 많은 것을 배웠고 깨우쳤기에 앞으로도 더욱 헌신하며 충성하는 하나님의 도구요, 도창교회의 일꾼으로서 부끄러움 없는 신앙인이 될 것을 결단합니다.

제 2부

변화와 헌신의 은혜

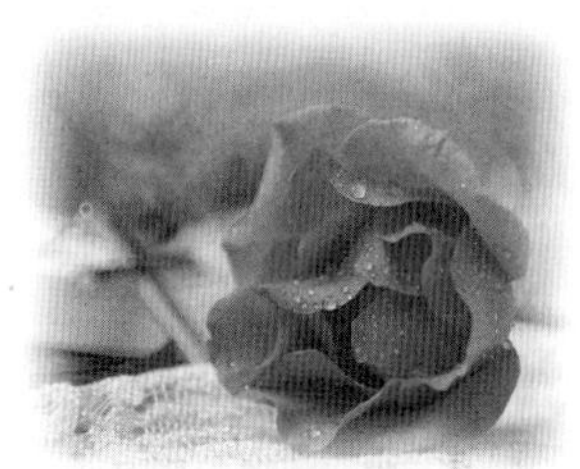

목표와 사명을 주셔서 새로운 길을

이 정 희 권사

지금까지 저를 만나주시고 인도하신 주님께 감사와 영광을 올려드립니다

철저히 불교를 믿는 가정에서 자랐고 교회는 어린 시절 몇 번 가본 게 전부였던 제가 시어머님이 권사님이신 가정으로 시집을 가게 되었는데 도저히 믿음이 생겨나지 않아서 주일이면 온갖 구실을 찾아 빠지곤 했습니다. 어쩌다 교회에 가게 되도 아이들이 어리다는 핑계로 밖에서 머뭇거리며 시어머님께 눈도장만 찍는 너무도 힘든 신앙생활을 5년 가까이 했습니다. 그렇게 지내던 어느 날 몸이 안 좋아 원자력병원에서 검사를 받았는데 갑상선항진증이라는 수술은 할 수 없고 평생 약을 먹을 수도 있는 심한상태라는 검사결과가 나왔습니다. 처방약이 너무 독해 위경련으로 알부민주사를 맞아가며 치료를 받아야 했고, 신유은사가 있으신 전도사님과 많은 분들이 저를 위해 기도해주셨지만 이러한 상황이 저는 믿어지지 않았습니다.

그런데 놀라운 일이 일어났습니다.

3개월째 병원을 갔는데 의사선생님께서 고개를 갸우뚱하시며 놀라시더니 더 세밀하게 진찰하신 후 다 나았다고 하시는데 제가 오히려 믿어지지 않아 완전히 고쳐달라고 했습니다. 재차 완치판정을 받고야 비로소 하나님이 살아 계시다는 것을 믿게 되었습니다. 그럼에도 천국과 지옥이 믿어지지 않던 제게 입신케 하셔서 천국을 보고 믿게 하시고 많은 체험을 하게 되었고 이때부터 저는 불신자들을 보면 지옥갈텐데 하는 측은한 생각에 안타까운 마음으로 전도를 시작하게 되었습니다.

내성적이던 제가 기쁨이 넘치는 밝고 긍정적인 모습으로 바뀐 것을 보며 동생도 언닌 예수 믿기 참 잘했다고 하고, 절은 안 그러는데 교회는 왜 끌고 가려는지 모르겠다며 완강하시던 친정 엄마도 말도 잘못하던 네가 말도 잘하는 것 보니 뭘 받긴 받았나보다 하시며 교회 나오시게 되었고, 친구들도 전도하게 되었습니다.

기도를 할 줄 몰라 10분 이상 하기도 힘들던 제가 어느 날 밤 12시쯤 되어 갑자기 기도하고 싶은 마음이 들어 기도를 하는데 입이 뻣뻣해지고 마비되는 듯 하더니 방언이 터져 2시간이상이나 누가 들을까봐 이불을 뒤집어쓰고 기도하게 되었고 이후로 재미를 알게 하셔서 기도생활도 하게 되었습니다.

또한 성경에 무지했던 저에게 주님은 기도할 때 뿐 아니라 심지어는 청소할 때나 길을 가다가도 마음에 성경말씀을 툭 던져주시고 얼마 지나지 않아 그 말씀대로 이뤄지는 것을 보게 하셨습니다. 나중에야 이것이 레마의 말씀이라는 것을 알았지만 답답하게도 어디 몇 장 몇 절이라고 하시면 좋을 텐데 그냥 성경말씀으로만 주시니 그 말씀을 찾기 위해 성경을 읽기 시작하였고 아무리 읽어도 갈급함에 대한 갈증으로 성경을 자주 보게 하셨습니다. 그 후 도창교회 다니던 동생이 사는 아파트까지 이사 오게 되었고 동생은 제게 목사님이 사랑도 많으시고 선한 일도 많이 하셔서 너무 좋다고 하였지만 아들 민석이만 도창교회에 나오고 저희부부는 다니던 대치동교회로 2년 이상 다니다가 도창교회에 나오게 되었습니다. 그리고 몇 년 전 양육프로그램을 통해 묵상을 하게 되면서 은혜를 받았습니다.

출애굽기 33장 12절 말씀인 나는 이름으로도 너를 알고 너도 내 앞에 은총을 입었다 하셨사온즉이란 말씀 앞에 저는 복받치는 감격에 흐느끼며 제 눈에서는 수돗물이 흐르듯 하염없는 눈물을 1시간이상이나 흘리며 주님의 사랑에 감격하였습니다.

나름대로 성경을 많이 읽었던 저였지만 이제껏 말씀 앞에 이 같은 체험이 처음이었고 또 같은 말씀으로 묵상하던 최미애 집사님에게도 동일하게 역사하셨음을 알고 과연 하나님께서 묵상의 맛이 어떠하다는 것을 알게하셨구나 깨달으며 묵상을 시작하게 하셨습니다. 새로운 목표와 사명을 주셔서 전혀 새로운 길을 걷게 하신 하나님께 감사드리며 오늘도 하나님을 향해 조금씩 더 변해가는 모습을 지켜보며 저를 위해 늘 기도해 주시는 많은 도창교회 성도님들께도 감사를 드립니다.

이 간증문을 준비하면서 잠시 쉬고 있던 묵상을 지난주 월요일부터 다시시작하게 되어 감사합니다. 또한 군 제대 후 교회를 나오지 않는 희석이의 영혼을 주님께 맡겨 드리고 다시 신앙생활을 회복하기를 간절히 바라며 모든 영광을 주님께 올려드립니다.

믿고 따르면 더 좋은 것으로 채워주시는 주님

박 미 자 권사

저는 충청북도 충주에서 육남매 중 삼녀로 태어나서 그곳에서 자랐습니다. 교회라는 곳에 한 번도 가 본적이 없는 제게 만남의 축복을 허락하셔서 하나님의 기업, 하나님을 신실하게 믿는 사람인 사장님을 만나게 하셨습니다. 그곳은 저의 첫 직장이자 마지막 직장이었습니다. 그곳에서 남편도 만나게 하셨고, 사장님의 주례로 결혼까지 하게 되었습니다. 처음에는 사장님께서 하나님을 믿는 분이신지 몰랐는데 회사 창립기념일에 목사님을 모시고 예배를 드리시는 것이었습니다. 그런가 싶더니 사장님께서 다니시는 교회에서 부흥회가 열리면 일찍 회사 문을 닫으시고 모든 직원들에게 부흥회에 참석하게 하시고, 급기야는 매일 아침 7시 30분만 되면 사장님실에서 예배를 드리시고 하루의 일을 시작하셨습니다. 하지만 저는 그곳에 들어가지 않았습니다. 아무리 사장님 말씀이지만 그곳은 교회가 아니고 직장이고 우리에게는 신앙의 자유가 있는데 사장님 마음대로 예배를 드리라고 강요하는 것 같아서 더욱 하나님에 대한 불신과 미움만이 자리잡게 되었습니다.

사장님께서는 남편과 저에게 각별한 사랑이 있으셨던지 "너희 둘을 위해서 항상 기도하고 있다" 말씀하셨지만 그것이 감사하다거나 고맙기는커녕 너무너무 싫었고, 귀찮기만 하였습니다. 제가 얼마나 어리석고 무지했으며 강퍅하고 완고한 성격이었음을 깨달은 지금은 많이 후회합니다.

그런 제게 사장님께서는 계속해서 포기하시지 않고, 이곳 아파트에 입주할 때도 개인 사비를 털어 아파트 중도금까지 대납해 주셨고 사장님의 눈물의 기도와 섬김, 그리고 박종님 집사님 전도로 지금 이 도창교회에서 신앙생활을 하게 되었습니다. 저를 위해 기도해 주신 모든 성도분들에게 깊이 감사를 전합니다. 한 영혼을 향한 끝없는 사랑과 기도로 변할 것 같지 않던 제가 사장님의 눈물의 기도로 하나님의 자녀로 살아가게 됐듯이 저 또한 내가 받은 사랑을 또 다른 저와 같은 영혼을 향한 사랑과 섬김을 멈추지 않으려합니다.

그러던 중에 저의 가정에 큰 시련이 찾아오게 되었습니다. 남편의 실직, 큰 아이인 병관이가 이유 없이 두통을 호소하여 뇌파검사를 받게 되었고, 둘째 지은이를 임신했는데 기형아 검사에서 기형아 판명을 받게 되어 유산시키려고 병원에 가려 했지만 목사님의 소개로 다른 병원에서 다시 검사를 받아 보았을 때 오진인 것을 알게 되었습니다. 지은이가 태어날 때까지 목사님과 성도님들의 기도로 건강한 아이로 태어났고, 지금은 두 아이 모두 건강하게 자라고 있습니다.

주님께서는 저를 너무너무 사랑하셔서 급하고 강하게 찾아와 주셨고 만나주셔서 주님을 인격적으로 영접하게 되었습니다. 그리고 앞에서 언급했듯이 부모님과 형제자매들 중에서 믿는 사람이 한명도 없어서 외롭고 힘들 때가 너무 많습니다. 혼자이기에 감당해야 할 고통도 많지만 그 기쁨과 영광 또한 더 크리라 믿습니다.

제가 하나님께서 주신 사명과 십자가라고 생각하고 끝까지 잘 감당하겠습니다. 그래서 저는 믿음의 명문 가문을 이루신 분들이 무척이나 부럽습니다. 이젠 부러워하지만 말고 제가 우리 가정과 가문의 구원의 통로, 축복의 통로자로서 바르게 믿고 진리를 전하고 선포하는 일에 병관, 지은이에게 믿음의 유산을 전수하고 싶어 먼저 '말'로 하기 보다는 엄마인 제가 믿음의 본을 보여 주려고 노력하고 있습니다.

우리 아이들이 예배와 기도하는 자녀로서 "주일성수, 새벽기도, 가정예배, 매주감사, 십일조" 등 어렸을 때부터 가르치고 지키게 해 신앙을 유산으로 남기고 싶은 것이 저의 오랜 기도 제목입니다. 언제나 나를 사랑하시고 축복해 주시고 나를 높여 주신 주님께 감사하여 제게 맡겨주신 귀한 직분, 사명 도창교회에서 목사님과 성도님들과 함께 잘 감당하겠습니다.

"내가 만난 하나님"

이 간증문을 준비하면서 내 자신을 돌아보게 하셨고, 이 간증을 통해 저의 새벽기도가 다시 회복되기를 간절히 바라는 마음으로 쓰게 되었습니다.

신앙생활한지 얼마 안 되어서 지은이 기형아 검사로 시작했던 것이 지금까지 새벽기도를 드리게 되었습니다. 하나님께서는 저를 향하신 주님의 사랑을 멈추지 않으시고 이젠 경제적인 어려움으로 또다시 찾아와 주시고 만나 주셨습니다.

이 문제 앞에 저는 하나님과 직장 중 하나를 선택해야 하는 기로에 놓

이게 되었습니다. 멀리 떨어져 생활하고 있기 때문에 제가 말씀 드리지 않으면 우리의 사정과 형편을 알 수 없는 부모님, 형제자매들에게 도움의 손길을 내민다는 것은 내 자존심이 허락되지 않았고 무엇보다도 저로 인해 걱정하실 생각에 이야기 한번 하지 못했습니다. 그래서 기도의 자리로 나가게 되었습니다. 기도를 어떻게 하는지 몰랐던 저는 그냥 무작정 교회를 찾게 되었고 그곳에서 그냥 울기만 하다가 올 때도 있었고 어떤 날은 내 넋두리만 하다 오게 되었고, 어떤 날은 찬양만 듣고 부르고 올 때 또한 있었습니다. 그러던 어느 날 주님께서 제 입술에서 "감사합니다"라는 말이 튀어 나오게 하였습니다. 상황, 환경 아무것도 변한 것이 없었는데 감사하라는 말씀에 내가 갖고 있는 것, 내게 남아 있는 것을 생각하게 하셨습니다. 가족, 건강, 집, 자동차 등 내게 있는 것이 너무도 많았고 없는 것은 돈 밖에 없었습니다. 그리고 또 "먼저"감사하게 하셨습니다. 그때도 실직 중이었는데 "든든한, 단단한 직장 주심에 감사합니다"라는 고백을 하게 하셨고 지금까지 계속해서 더 좋은 조건, 승진과 스카웃해 가는 은혜 또한 허락해 주셨습니다. 제가 사람, 돈을 찾아갔다면 만나지 못했음을 주님을 믿고 신뢰했더니 더 좋은 것으로 채우시는 주님을 경험하게 하셨습니다. 그리고 제가 계속해서 이 새벽제단을 쌓을 수 있었던 것은 하나님의 위로와 사랑이셨습니다. 하나님께 기도하면 인자하신 모습으로 바라보시며 "내가 너를 사랑한다, 내가 너를 잘 안다" 언제나 저에게 말씀하시고 안아주시고 따스한 손길로 저를 만져 주시는 주님의 손길이 계셨기에 계속해서 새벽을 드릴 수 있었습니다.

그리고 하나님께서는 저에게 인내하게 하셨습니다. 오늘 기도의 자리에 나아가지 않으면 기도응답을 준비하고 계셨는데, 그 약속을 받지 못할까봐 계속해서 찾게 되었습니다. 우리가 드리는 기도가 금방 이루어지는 기도가 있는가 하면 저처럼 인내하게 하시고, 연단을 통해 주님의 성품을 닮아가게 하시려고 오랜 시간 기다리게 하는 기도 또한 있는 것 같습니다. 혹시 지금도 주님께서 오랜 인내를 하게 하신 분들이 계시다면 끝까지 주님만을 바라보며 신신하신 주님께서 주님의 때와 방법으로 더 좋은 것으로 채우실 주님을 바라보며 인내하시길 바랍니다. 주님은 약속을 꼭 지키시는 분이십니다. 감사합니다.

반드시 이루어지는 하나님의 말씀

황 미 숙 권사

저는 교회를 다닌 지 25년 되었습니다. 직분으로는 권찰과 집사와 권사까지 받았습니다. 흔히들 믿는 사람들이든, 믿지 않는 세상 사람들이든 하는 말이 '교회 다니면 복 받아야 한다.' 고 생각하고 말합니다. 저는 어찌어찌하여 여기까지 오게 되었습니다. 하나님을 믿으면 아니 교회를 다니면 하나님을 우리 아버지라 부르며 기도하면 응답이라는 것을 받아야 하는데 저는 예수를 믿고 세월이 흐를수록 망해가고 있습니다.

남들은 예수 믿고 교회 다니면서 기도했더니 집도 사고, 사업도 잘되고, 돈도 많이 벌고, 자녀들도 술술 잘 풀리고 믿지 않는 사람들이 봐도 "와~ 부럽다", "그렇지 하나님 믿으니 복 받았네", "정말 부럽습니다. 하나님도 얼마나 뿌듯하실까요.", "하나님께 영광 돌리는 것이 바로 저런 모습이지" 생각하는데, 그런데 저는 초라하기 짝이 없는 텅 빈 바구니만 들고 서 있는 불쌍한 광신도일 뿐입니다. 유난스럽게 교회 다닌다고, 철야에 가면 밤 세워 기도하고 1년에 한두 번 있는 부부동반모임에도 주일이라 못 간다고 남편 혼자 보내면 놀리듯이 홀아비냐고 말하는 친구들.

'하나님께 영광 돌리며 살아야지~, 살아야지~' 입으로 맘으로 몸부림치며 다 보여 주었는데..... 이제는 아무것도 보여줄 것이 없는 중늙은이(?)가 되어 있고 노안 때문에 성경 보는 것도 돋보기를 찾아야 하는 추레한 모습의 나를 보고 있습니다.

저는 요즘 몇 년간 여러 가지의 고난 가운데 처해 있습니다. 경제적인 부분과 가족 간의 불화, 맘대로 풀리지 않는 자녀, 돌부처 같은 남편, 도대체 뭐하나 내 세울 것 없는 인생, 말하기 좋게 오죽 보여줄 것이 없으면 기독교 명문 가문이라도 되고파 그렇게 기도하고 간절히 구했는데 무엇 하나 흡족한 것이 없는 환경......

저의 신앙생활은 예수 십자가 복음이 없는 가면 쓴 크리스천의 모습입니다. 저는 요즘 화원(꽃집:작은 숲)에서 성경을 읽습니다. 저는 하나님의 뜻이 무엇인지 어떻게 영광을 올려 드리는 것인지 궁금합니다. 하나님은 죽기까지 우리를 생명으로 이끌기 원하시고 사단은 죽기 살기로 우리를 죽음으로 몰고 가는 것입니다.

지난 토요일 저는 다시금 예수 십자가 복음 때문에 울기 시작했습니다. "하나님이 세상을 이처럼 사랑하사 독생자를 주셨으니 이는 그를 믿는 자마다 멸망치 않고 영생을 얻게 하려 하심이라 (요3:16)"

하나님이 천지를 만드시고 나를 이처럼 사랑하사 피조물인 나를 위해 독생자를 주셨는데, 채찍에 맞아야 했고, 몸이 찢겨 살이 떨어져야 했고,

갈보리 언덕 십자가에 매달리셔야 했던 주님을 다시금 고백합니다. 상상할 수 없는 사랑이 영생의 기쁨을 누리게 하셨고, 천국이 내게 실제가 되는 경험을 하게 하셨으며, 천국은 가상이 아닌 실제임을 성경 말씀은 반드시 이루어지는 하나님의 약속이라는 것을 확실히 알았습니다.

잠깐 있는 나그네 같은 세상에 내가 조금 부족해서, 찌질해 보여서, 내가 좀 죽어져서 누군가 나를 통해 생명이 살아난다면, 부끄러운 텅 빈 바구니가 남고 비교해 내세울게 없더라도 하박국 말씀처럼 "무화과 나뭇잎이 마르고 포도 열매가 없고, 감람나무 열매도 그치고, 논밭에 식물이 없어도, 우리의 양떼가 없으며, 외양간 송아지 없어도 난 여호와로 즐거워하며 나의 구원의 하나님으로 말미암아 기뻐하리라" 이렇게 고백하고 싶습니다.

나의 영이 주님의 십자가 사랑으로 회복되니 어제 주일 예배 때 부르는 찬양 중에 예수는 주, 예수는 주라고 고백하는 요한계시록 찬양이 천국에서 주님의 보좌를 향해 경배하는 24장로들과 주의 백성들이 실제가 되어 감격스럽고 나도 그 천국에서 예수님 앞에 이렇게 고백하며 찬양하고 있구나 하는 은혜 때문에 울 수밖에 없는 예배였습니다.

주께서 내 삶을 곤고케 하심은 욥의 고백처럼 귀로 듣던 하나님을 이제는 눈으로 본다고 말한 것처럼 내영이 그분 한분만으로 만족하겠습니다. 아멘.

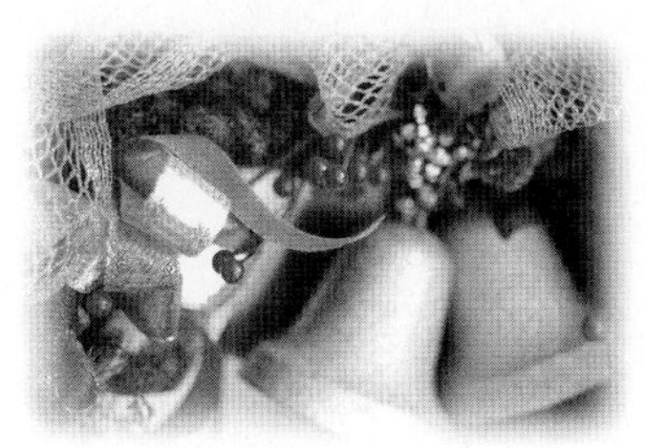

성령의 뜨거운 경험

윤 옥 분 권사

안녕하세요? 윤옥분 권사입니다.

간증을 어떻게 해야 하나 고민이었습니다. 저는 제가 하나님을 어떻게 영접하게 되었는지를 이야기 하겠습니다.

저는 도창동 토박이가 아니라 강화 파평 윤씨 맏딸로 태어나 부모님 권유로 20살에 결혼을 하게 되었습니다.

결혼 6개월이 되니 남편은 군대를 가게 되었고, 1년 후에 아버님이 돌아가시고, 어머님 홀로 돈벌이를 하게 되어 제가 어린 시누이와 동생을 돌보며 살다가 도창동 그 당시 도두머리로 이사를 오게 되었습니다.

연고지가 없어 힘이 들었지만 구멍가게를 하게 되어 자리잡고 살 수가 있었습니다. 그렇게 살고 있다가 어느 날 81년도쯤에 사람을 알아 볼 수 없을 정도로 아파서 누워 있었고 '이러다 정말 죽겠구나!' 싶었습니다.

이강희 권사님이 저를 찾아와 교회를 가자고 하여 하나님이 누구인지도 몰랐지만 교회에 가게 되었습니다. 믿음도 없었던 저는 그날 한없이 눈물을 흘리게 되었습니다. 왜 눈물이 났는지 알 수 없었지만 마음 한곳이 뜨거워지는 경험을 하게 되었습니다. 그렇게 하나님을 영접했지만 남편의 심한 반대로 한동안 어려웠으나 그때마다 기도하고 또 기도했습니다.

시편 42:5 "내 영혼아 네가 어찌하여 낙망하며 어찌하여 내 속에서 불안하여 하는고, 너는 하나님을 바라라 그 얼굴의 도우심을 인하여 내가 오히려 찬송하리로다."는 약속의 말씀을 붙잡고 기도 할 때 하나님의 포근하게 안아 주시는 주님의 품을 경험하고 편안함을 얻었습니다.

시간은 오래 걸렸지만 남편도 차츰 마음이 변했고 지금은 같이 교회에 나와 예배드리게 되었습니다.

이 모든 것을 하나님께 감사드리며 남편의 마음이 더 굳건하여 하나님을 영접하게 되었으면 좋겠습니다.

"내가 그리스도와 함께 십자가에 못 박혔나니 그런즉 이제는 내가 사는 것이 아니요 오직 내 안에 그리스도께서 사시는 것이라. 이제 내가 육체 가운데 사는 것은 나를 사랑하사 나를 위하여 자기 자신을 버리신 하나님의 아들을 믿는 믿음 안에서 사는 것이라." (갈라디아서2:20)

갈라디아서 말씀처럼 나의 몸과 나의 마음은 하나님이 계획한대로 살아가며 믿음 안에서 살아가기를 소망합니다.

매주 감사, 무조건 감사, 미리 감사

박 양 원 권사

"하나님 감사합니다. 오늘 이 시간 떨리는 마음을 가지고 주님 전에 나와 간증할 시간을 주신 하나님께 감사드립니다. 이 시간 저에게 담대함을 주시고 저의 마음을 주장하여 주시옵소서. 저의 입술을 통하여 간증하는 것이 은혜의 시간이 되어지길 원하오며 예수님의 이름으로 기도드립니다."

저는 도창교회에서 은혜 받은 것을 간증해야 한다는 목사님의 말씀에 많은 생각이 교차하였습니다. 무엇이 있을까? 고민하고 묵상하는 중에 하나님은 저에게 받은 은혜를 한 가지씩 알려 주시고, 떠오르게 하셨습니다. 생각해보니 너무 많은 은혜를 받고 살았는데 그 큰 은혜를 잊고 살았습니다.

먼저 어머님을 통해서 제사를 드리던 것을 추도예배로 바꿔 주셨습니다. 우리 어머님은 12년 전 폐암 말기로 판정을 받고 병원을 오가고 계셨습니다. 그러던 어느 날 어머님은 뼈가 아프시다고 소리치기 시작하셔서 부천 성가병원 응급실로 모시고 갔는데 암이 뼈로 전이가 되었다는 것이었습니다. 입원을 남겨놓고 우리는 집으로 돌아가는 길에 시간이 다 되었다고 모두 들어들 오라는 병원의 연락을 받게 되었습니다. 황급히 병원으로 가보니 좀 전 모습과는 달리 어머님은 의식이 없으시고 호흡기를 달고 계셨습니다. 저는 마음이 다급해졌습니다. 그래서 남편에게 선택권을 주었습니다.

"목사님께 전화 드릴까요?"하면서 목사님을 모시게 되면 장례도 기독교식으로 치러야 하고, 앞으로 제사를 추모예배로 드려야 한다고 결정을 하시라고 말했습니다. 남편은 고민에 들어갔고 잠시 생각을 하다가 목사님을 모시라는 것이었습니다. 목사님께 전화를 드렸습니다. 목사님이 오셔서 "저는 큰 며느님이 다니시는 교회 목사입니다"하시면서 어머님의 손을 잡아 주셨습니다. 목사님은 어머님에게 "천국에 가시고 싶으세요? 천국에 가고 싶으시면 제 손을 꼭 잡아 보세요."라고 하셨습니다. 그러자 어머님은 목사님의 손을 잡으셨고 목사님은 어머님에게 "세례를 받으시겠어요?"하고 또 물으시면서 "받고 싶으시면 제 손을 꼭 잡으세요"라고 하시자 어머님은 또다시 손에 힘을 주셨습니다. 그래서 어머님은 세례를 받으셨고, 목사님은 세례 후 "금새는 돌아가지 않으실 것 같아요. 힘이 좋으세요"하시고는 집으로 향하셨습니다. 그리고 가족들도 늦은 식사을 하러 가게 되었는데, 저는 왠지 자리를 떠날 수 없었습니다. 가족들이 식당으로 간 후 저는 어머님의 손을 잡고 "어머니~ 어머니~"하고 불러 보았습니다. 어머니는 아무런 말씀 없이 눈에 눈물만 흘리셨습니다. 그리고는 운명하셨습니다. 그 후 저희 가정은 제사를 추모예배로 드려지게 되었습니다.

제가 도창교회에 나오게 되니 제사를 추모예배로 바꿔주시고 물질의 복을 부어 주셨습니다. IMF 때 남들은 부도가 나고 회사가 망하고 힘들다고 하는 그 시기에 우리에게는 안산에 상가를 주셨고, 사업장을 확장시켜 주셨습니다. 어음 한 장도 부도 맞지 않도록 막아 주셨습니다. 이 많은 은혜를 받은 것도 모르고 저희 부부는 매달 2주째 주일이면 산으로 갔습니다. 그렇게 산을 다니면서 많은 시련이 있었습니다.

산에 가는 날이면 "가자! 안 간다!"로 시작하면서 남편은 제 등산 장비 일체를 침대위에 펼쳐놓고 기다렸습니다. 그런데 교회 행사가 주로 둘째 주가 많았습니다. 저는 무거운 발걸음을 옮겨야 했습니다. 그러다 어느 순간에 하나님께 죄송한 마음마저 사라져 버리는 것을 깨달았습니다. 저는 하나님께 제 마음을 잡아 달라고 기도했습니다. 그러던 어느 날 우리 부부에게 위기가 찾아왔습니다. 그날도 어느 때와 같이 산에 갔다 오는 길에 교통사고를 당하여 저는 쓰러지고 남편은 손만 스치는 경미한 사고가 있었습니다. 남편은 "괜찮냐?"고 묻고는 의식이 있는 것을 확인하고 뺑소니차를 쫓아가서 잡았습니다.

그런 사고가 있었지만 섬김의 마음이 변하지 않자 하나님은 또다시 남편에게 사고를 당하게 하셨습니다. 자전거를 타고 가는데 뒤에서 차가 들이받은 것이었습니다. 자전거는 날아가고 남편은 날아서 차량 본넷트 위로 떨어졌습니다. 자전거를 쓸수가 없게 되었고, 남편은 3개월의 진단이 나왔습니다. 하나님 은혜가 아니면 살아 남을 수가 없는 일이었습니다. 그 후 저희 부부는 산행을 접었고, 남편은 매일 술에 젖어 살면서 힘든 나날이 시작되었습니다. 남편에게 술을 못 먹게 하면, 남편은 저에게 교회에 가지 말라고 심술을 부렸습니다.

저는 또다시 하나님께 매달려 기도했습니다. '모든 것을 다 내려놓고 어디 가서 숨어 버리고 싶다고......' 그러던 중 하나님은 저에게 '매주감사, 무조건 감사, 미리감사' 하자는 감동을 주셨고 매주 무조건 감사하다보니 이제는 감사가 넘치게 되었습니다. 남편은 술을 많이 자제하고 저에게는 자유를 주려고 노력하는 모습이 보이기 시작했습니다. 이제는 남편이 하나님의 전으로 나오기만을 기다리며 기도하고 있습니다. 고난 중에서도 하나님의 크신 사랑을 느낄 수가 있었고 무엇보다 목사님과 성도님들의 기도와 사랑이 위로가 되었습니다. 저희 가정을 위해 많은 기도를 해주신 목사님 이하 성도님들에게 감사드립니다. 할렐루야!

후한 사랑, 인색한 헌신

박 설 향 권사

할렐루야! 하나님께 영광 돌립니다,

제가 신앙생활 시작한 것은 1980년도였습니다만 제대로 성장하지는 못 했었습니다. 1997년 에이스아파트에 입주 하였으나 교회를 정하지 못하고 있을 때 작은 손자가 도창선교원에 다니면서 도창교회를 알게 되었고 당시 선교원 선생님의 인도로 교회에 나오게 되었습니다. 1999년 6월 첫 주에 등록하고 김주석 목사님의 가르침을 잘 받았습니다. 돌아보면 하나님의 은혜가 너무나 컸음을 고백 합니다 나 같은 죄인이 예수 믿고 구원받음이 은혜요 기적임이 확실합니다.

하나님께서는 제게 특별히 꿈으로나 환상으로 찾아 주시지는 않았습니다. 그보다 말씀을 보고 듣는 중에 깨닫게 하시고 꾸짖기도 하셨고 목사님의 말씀 선포는 항상 저를 향한 말씀 이었습니다. 그러나 예배당을 나오면 까맣게 잊어버리는 것이 안타까웠습니다. 그래도 콩나물시루에서 콩나물이 자라듯 제 신앙이 성장한 것만은 분명 했습니다. 그랬던 제게 아들을 통하여 하나님의 놀라우신 계획과 은혜를 체험케 하셨습니다.

하나님의 계획

2007년 캐나다로 이민 갔던 아들이 이혼 하게 되어 두 손자와 함께 귀국하였습니다. 아들부부의 화해의 길은 단절되었고 법정 소송까지 이르는 수치스러운 고통을 겪게 되었습니다. 그 때 저는 "하나님 부디 이혼만은 막아 주세요." 라고 울부짖었습니다. 그러나 아들을 향하신 하나님의 계획은 따로 있었음을 알게 하셨습니다. 지금은 주일성수하며 가정 예배도 드리는 아들이지만 예전에는 교회를 멀리하였기에 그것이 항상 기도 제목 이었습니다. 하나님은 제 기도의 응답으로 아들에게 이혼이라는 아픔을 통하여 회개의 영을 부어주시고 신앙 고백을 하도록 하셨습니다.

그 무렵 아들은 생활비 때문에 대구의 외국계열회사에 취직을 하고 대구로 이사하여 육 개월 동안 살았습니다. 두 손자들은 학교도 못 보내고 소송은 진행 중이라 참 힘들었습니다. 그때부터 하나님 앞에 엎드려 기도하며 가정 예배를 드리기 시작 했습니다. 우리의 교만함을 회개하고 하나님의 도우심과 인도 하심을 간절히 기도 했습니다. 하나님은 다급한 우리의 형편대로 서울로 다시 오게 하시고 아들의 직장도 서울에 있는 대기업에 취직이 되었습니다. 손자들의 학교도 은행중과 매화초등학교로 가게 하시고 안정된 생활을 할 수 있게 되었습니다. 그런데 아들이 다니는 회사가 술 제조 회사였습니다. 경력 사원이라도 나이가 45세가 넘으면 직장 구하기가 어려워서 급하게 우선 다니기는 했지만 아들과 저는 마음에 걸렸습니다. 다시 하나님께 기도하며 하나님에게 모든 것을 맡겼습니다. 기도의 응답으로 7개월 후에 지금 다니고 있는 회사에 근무 하게 되었습니다. 하나님은 구원의 계획을 이혼이라는 방법으로 이루셨음을 깨닫게 하셨습니다.

하나님의 보답하심

아들 가족들이 캐나다에 이민 간 후 저는 혼자 살았습니다.

어느 날 모 집사님을 따라서 중동에 있는 백화점에 갔었습니다. 집사님이 개인 일을 보는 동안 저는 옷 구경을 하다가 문득 눈에 띄는 겨울 코트가 세일 중이었습니다. 교회 갈 때 따뜻하고 깨끗하게 입고 싶어서 제 형편에 벅찬 고가였지만 3개월 할부가 가능하여 카드로 구입했습니다. 집에 돌아와서 옷을 입어 보는데 어쩐지 마음이 편치가 않았습니다. 문득 "내게는 이렇게 후하면서 하나님께는 인색하지 않았나?" 하는 생각에 하나님께 죄송함을 고백했습니다. 그리고 마음 주시는 대로 할부 금액을 절기헌금으로 헌납하기로 작정을 했고 바로 실행했습니다. 그 후로 제게는 생각지 못한 옷들이 생겼고 필요한 옷을 제게 입혀주셨습니다. 주위 분들로부터 "이 권사님은 옷이 참 많네요" 라는 말까지 듣게 되었습니다.

부족하고 나태한 저를 말씀으로 권면하시고 기도하여 주셔서 바른 신앙으로 성장시켜 주시고 인도하여 주신 그 사랑과 은혜가 주님의 말씀으로 더욱 저를 이끌어 주셨음을 고백하며 감사드립니다.

"나의 하나님이 그리스도 예수 안에서 영광 가운데 그 풍성한 대로 너희 모든 쓸 것을 채우시리라"(빌립보서 4장19절)

거역할 수 없는 하나님의 계획

진 규 환 권사

지금까지 저와 가족을 지키시고 보호해 주신 주님의 은혜를 나누게 되니 감사합니다.

저의 집안은 할머님 오빠는 중이고 조카딸은 작두 타는 소위 대무당이라는 가까운 친척이 있는 집안이었습니다. 이런 집에서 어머니이신 고 최유순 권사님께서는 예수님을 믿기 위해 온갖 박해에도 불구하고 믿음을 지키셨고, 끝까지 믿음을 포기하지 않자 아버님께서 가족회의를 열어 결국 집을 나가시기로 하셨습니다.

이런 어려움에도 불구하고 어머니께서는 저희 1남 2녀를 믿음으로 홀로 키우셨고, 그 가운데 놀라운 하나님 은혜와 많은 은사를 체험하시며 주님만 바라보고 사셨습니다. 저는 어려서부터 성가대도 하고 열심히 신앙생활을 했지만 학생시절부터 곁길로 가며 세상길로 빠지게 되었습니다. 자연히 교회는 멀어졌습니다. 이런 저를 위해 군대 가던 날부터 평생을 어머님께서는 밤마다 교회에서 철야기도 하시며 주무시고 특히 장손 민석이를 주의 종이 되게 해달라는 서원기도를 하셨다 합니다.

목에서 피가 넘어와도 술을 끊지 않던 저는 간경화 초기라는 진단을 받고서야 술, 담배를 끊고 다시 신앙생활을 열심히 하게 되었습니다. 그렇게 주님의 은혜로 말미암아 간경화도 깨끗이 치료받게 되었습니다.

저에게는 전도사인 아들이 있습니다. 그런 아들을 위해 어려서부터 기도해 주시는 분들마다 민석이는 주의 종이라 했지만 아들은 내가 어떻게 목사를 하냐며 무시하고 세상의 삶에 따라갔습니다. 그러던 어느 날 아들이 친구 차를 빌려 퇴근하는 길에 중앙선을 넘어 앞에서 오던 차를 들이받고 크게 다쳤습니다. 사람이 죽어 있다는 연락을 받고 경찰이 달려갔고, 기계차가 아이를 꺼내고 여러 수술 중 왼팔에 1차 수술 때 넣은 철핀 2개를 빼는 제법 큰 수술을 하게 되었습니다. 그런데 인턴이 깜빡하고 무통주사 처방을 안 해서 마취가 풀리는 바람에 참을 수 없는 통증으로 괴로워하던 민석이가 주님께 통증이 멈추게 해 달라고 첫 번째 기도하고 두 번째 기도해도 소용이 없자 세 번째는 정녕 주님이 저를 쓰시기 원하시면 그 길을 가겠으니 제발 통증 좀 멎게 해달라고 간절히 기도를 하였다 합니다. 그러자 즉시 통증이 가라앉고 잠을 잘 수 있었다 합니다. 결국 주님은 본인의 입으로 서원을 하게 하셨습니다.

저희 부부는 이 큰 시련에도 살아 있는 것만도 감사, 머리와 허리 안 다친 것에 감사, 특히 상대방 차를 폐차 시켰음에도 그 사람은 가벼운 어깨 통증 정도로 900만 원정도로 합의 볼 수 있어서 너무 감사했습니다. 또 민석이 친구 차는 자차보험만 들어 있어서 보험이 안 되는 상황에서 우여곡절 끝에 벌금도 면제시켜 주시는 등 물질적으로도 넉넉히 채워주셨습니다.

그 후 회사로 복직하자 다시 마음이 바뀐 민석이를 주님은 계속 간섭하시고 넘어져 목발로 걷게도 하시고, 자전거를 타다 사고 났던 다리를 크게 다치게도 하시며 두 손 들고 주의 길을 가게 하셨고, 길이 아니면 가지 못하게 막으시며 환경을 통해 역사하시는 하나님을 만나게 하셨습니다.

또 본인이 확실한 응답을 받지 못해 번민하던 민석이에게 교회에서 새벽기도 때 방언을 주시고 한얼산기도원에서 1주일 금식을 하며 그 길을 가라는 주님의 확실한 응답을 받고 순종하게 됨을 보며 결국은 주님이 우리에게 향하신 계획하심에 그 누구도 거역할 수 없다는 것과 고난당한 것이 내게 유익이라는 말씀이 그대로 이뤄짐을 보며 감사했습니다.

이뿐 아니라 아내가 가슴에 계란만한 혹이 만져진다 해서 운동하다 자전거와 부딪친 것 때문인 줄 알았습니다. 조직검사 결과 보는 날 새벽에 '이만한 게 천만다행인줄 알아 암이야' 하는 소리에 깨고 보니 꿈이었고 다행히도 유방암 2기 초기로 진단받게 되었습니다.

당시 목사님은 안식년이라 제주도에 가셨는데 천안에 일이 있어 잠시 와 계셨을 때였습니다. 마침 저희는 개인 택시차를 아산에서 인수하러 내려가야 했는데 천안에 들려 목사님께 기도를 받을 수 있었습니다. 너무도 고맙게도 병원에서 수술을 하고 치료를 받았는데 지금은 건강을 되찾아 3월이면 암 진단 후 만5년이 됩니다.

저희 가족을 위해 기도해주신 목사님과 모든 성도님들께 이 자리를 빌어 다시 한 번 감사를 드립니다. 특히 도창교회는 목사님께서 동병상련 때문인지 약하고 병든 자들을 위한 기도를 유난히 많이 한다는 것을 느끼며 저도 주님을 위해 최선을 다해 섬기겠다고 결심 하게 되었습니다.

저 또한 2년 전 다리가 붓고 아파 병원을 가니 뇨산이 많이 나오고 당뇨가 있음을 알게 되어 음식조절과 운동으로 지금은 당 수치가 거의 정상에 가까워졌고, 미리 알게 하셔서 더 나빠지지 않도록 지켜주심을 다시 한 번 감사드립니다. 지난날을 거울삼아 아름답게 열매 맺는 삶을 살 것을 하나님 앞에 약속드립니다.

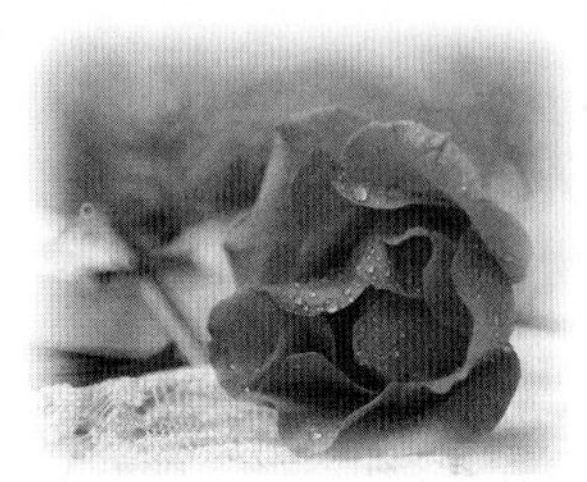

시련 후 정금같이 쓰시리니

왕기철 권사

저는 술도 마시고 다닙니다. 담배도 피우고 다닙니다.

참으로 권사라고 하는 직분을 가지고 있으면서도 부끄러운 삶을 살고 있습니다. 지금도 양팔 저울을 들고, 세상과 하나님을 저울질 하고 있는지도 모릅니다. 아니 저울질조차도 안하고, 그냥그냥 마음에 내키는 대로 그렇게 살고 있습니다. 그런데도 불구하고 지난 삶을 돌이켜보면 지나칠 정도로 하나님께 많은 물질적인 축복을 받았습니다.

어릴 때는 그래도 부유한 부모님 밑에서 크게 부족함 없게 살았고, 학교를 졸업하고는 그냥 아버지 회사에 다니다, 삼십대 초반에 회사를 물려받아서 그래도 작지만 회사 대표 직함을 가지고 생활 했습니다. 회사가 어려워져서 정리하고 직장 생활을 할 때도 3군데 직장 생활을 하면서도 면접 한번 본적이 없이 놀다가 하나님께 직장을 원하면 직장을 주셨습니다. 지금하고 있는 텐트 공장도 도서관을 하려고 준비 하던 중 하나님께서는 그 일을 틀으시고 지금 하고 있는 텐트 공장을 하도록 이끄셨습니다.

세상 속에서 보면 크게 성공은 못했지만 그래도 모든 것이 순탄하기만 한 삶을 살았습니다. 항상 남들에게는 복권 맞게 해달라는 기도 외에는 나의 모든 기도를 하나님께서 다 들어 주신다고 자랑하고 다녔습니다. 사실 그때는 그랬습니다. 항상 작은 일도 하나님께 기도로 생활했습니다. 출근길에도 하나님께 오늘 하루도 잘 지내게 해 달라고 기도했고, 조그마한 일 만 있어도 항상 주님에게 부탁하고 매달렸습니다. 하나님께서는 나의 기도에 항상 응답하셨습니다.

그러나 50년이 가깝도록 신앙생활하면서 그렇게 많이 주시는 하나님의 사랑 앞에서도 더 이상 성장하지 못하고 항상 어린 아이로 남아서 이것 달라, 저것 달라고 어리광과 땡강만 남은 고집불통이 되어 가고 있었던 것 같습니다. 사실 저는 지금까지 살아가면서 큰 욕심이 없이 살아와서 그런지 무엇이 가지고 싶어서 크게 노력 한 적이 없었고, 무엇을 위하여 크게 노력 한 적이 한 번도 없었습니다. 그냥 주어진 삶에 대하여 그냥 흐름에 몸을 맡기고 그냥 살았습니다. 그래도 그냥 살만큼 살았습니다.

학창시절에도 제대로 공부 한번 안했어도 대학까지 졸업했습니다. 처음부터 너무 많은 것을 가지고 태어났는지도 모르겠습니다. 하나님께서 많이 사랑하시는 듯 했습니다. 그러던 중 불행한 일이 일어났습니다. 우리 아들 이야기는 다들 아실 겁니다. 아들이 없어지고 바로 마음이 불안한 것이 그때부터 저는 아들의 불행을 감지 한 것 같았습니다. 그때 참 간절히 기도했습니다. 그러나 결론은 참으로 안 좋았습니다.

그때 저는 하나님이 살아계심을 좀 더 절실히 느꼈습니다.

그때만큼 살아계시는 하나님에 대한 확신을 느낀 적이 없었습니다. 그런데 아들의 불행이 비껴가지 못하고 저에게 왔을 때, 하나님이 원망스러웠습니다. 내가 어렵고 힘들 때마다 함께 하여 주시던 하나님이 왜!! 우리 아들에게는 함께 하여 주시지 않는 것인지....나에게 항상 가까이서 보살피시던 하나님께서는 그때 나의 간절한 기도를 왜 외면하셨는지, 참으로 원망스러웠습니다. 아니 지금도 원망스럽습니다. 아직도 예배 시간에 앉아 있으면서도 기도가 안 되고, 의식적으로 노력을 해도 기도가 안 나오고 있습니다. 물론 그것은 하나님 책임이 아닌 것은 알고 있습니다. 아이 유아세례를 받으면서 하나님께 약속 했듯이 주님 안에서 양육하지 못한 저의 책임이 가장 크다는 것도 알고 있습니다. 그렇기에 하나님 보다는 저 자신을 원망하고 있습니다. 아니 저 자신을 그래서 용서하지 못하는지도 모르겠습니다.

지금 이 순간도 살아계시는 하나님을 알고 있습니다. 아니 살아서 역사하시는 하나님을 느끼고 있습니다. 그러나 아직은 하나님의 관계가 회복되지 못하고 있습니다. 아직도 많은 시간이 필요 한 듯합니다. 하지만 이전에도 그랬듯이 하나님 품에서 벗어 나지는 못하리라는 것을 잘 알고 있습니다.

살아계시는 하나님께서는 아직도 저를 사랑하심을 알고 있습니다. 저를 더 크게 쓰시려고, 저를 더 크게 만드시기 위한 시련이라고 믿습니다. 욥이 겪은 시련과 고난의 과정을 통해 새로운 삶의 전기를 마련한 것처럼 저 또한 현재의 고난을 통하여 새로워지고 거듭나는 순종의 믿음과 겸손하고 낮아지는 제 자신이 되길 기도드립니다.

더 많은 것과 좋은 것으로 채우시고

강 영 구 권사

제가 처음 신앙생활 했던 곳은 충남논산 고향마을에 있는 교회 학생부 때부터였습니다. 좋은 목사님 덕분에 많은 마을 사람들이 하나님을 믿게 되었고 저희 부모님께서도 그때 처음 주님을 믿게 되셨습니다. 대학교 때에는 종교 써클(CCC)에서 활동하고 군대에 있을 때에도 교회는 나갔지만 하나님을 인격으로 만나지는 못했던 것 같습니다.

사회생활을 하면서 첫 직장에 들어갔는데 사장님이 기독교인이어서 아침 출근하여 1시간씩 예배드리고 하루일과를 시작 하였습니다.(11년 근무) 직장생활을 하던 중 1998년에 시흥시 도창동으로 이사 왔습니다. 이곳에 이사 와 도창교회에 다니면서 큰 어려움을 접하게 됐습니다. 그것은 저희 집사람이 둘째아이를 임신하여 병원에 종합검사 받았는데, 기형아라는 판정(검사4회)을 받아 우리가족은 하루하루 힘든 생활 보내야 했습니다.

이런 힘든 상황을 아시고는 도창교회 목사님 및 전교인들께서 저희 가정을 위해 중보기도를 해 주셨습니다. 그러던 중 사랑하는 우리 딸 지은이가 이 세상에 태어났습니다. 모두들 태어난 아이가 기형아라고 생각하고 있었는데 하나님께서 우리가족에게 커다란 기쁨을 주셨습니다. 사랑하는 우리 딸 지은이가 세상에 태어났는데 모든 몸 상태가 정상 아이와 똑같이 아무 이상 없이 건강한 아이로 태어났습니다.

이 시간을 빌려 사랑하는 우리 딸 지은이를 위해 기도해 주신 목사님과 전교인들에게 다시 한 번 감사드립니다.

저의 가족이 하나님께 큰 선물을 받고 기쁨으로 교회를 다녔는데 매년 신년이면 목사님께서 교회에 봉사할 사역들을 말씀하셨습니다. 저는 할 수 있는 것이 무엇인가 생각 했을 때 운전인 것 같아서 그때부터 성도님들을 교회로 모시고 오는 것을 지금(16년정도)까지 감당하고 있습니다. 교회차량도 있었지만 제 차가 익숙하고 편하여 제 자동차로 봉사했더니 은혜로우신 하나님께서는 저에게 차량할부금(이천오백만 원). 차량유지비와 차량보험료(1년에 일백이십만 원), 자동차수리비포함 많은 금액을 회사에서 전부 지원하여 책임져 주셨습니다. 이로써 저는 개인적인 사비를 드리지 않아도 자동차로 어디든 갈 수 있게 완벽하게 하나님께서 해결 해 주셨습니다.

저는 15년 동안 사용한 낡은 차량을 갖고도 우리나라 전 지역을 다녔지만 그 흔한 타이어 펑크 한번 안내고 내 안전과 생명을 하나님께서 지켜 주셨습니다, 제 차량이 너무 오래 되서 자동차를 바꾸어야 하는 상황이 왔을 때 '우리에게도 새 차를 주세요' 하는 아내의 기도를 하나님께서 들어 주셔서 운행 중에 우리 차를 다른 차가 옆에서 들이박는 일이 생기고 차는 폐차시켰지만 저는 어디 한 곳 다치지 않았습니다. 새 차를 구입 할 계약금이 없었지만 지금은 계약금까지 모두 해결하고 완전히 저의 소유차량으로 되는 은혜 또한 허락 해 주셨습니다.

저는 아침에 출근할 때 운전 전에 "하나님 오늘도 안전운전 하도록 해 주십시오." 기도 하고 출발합니다. 이 모든 것이 하나님의 은혜이고 하나님께서 하신 일로 믿습니다. 정말 작고 보잘 것 없는 것을 하나님을 위해 사용했더니 이렇게 하나님께서는 더 많은 것과 좋은 것으로 채우시는 좋으신 하나님을 경험하게 하셨습니다. 얼마 전부터는 직장에서 삼천만 원을 지원 받아 새 차를 타고 있습니다.

도창교회에 나오게 되고 하나님을 영접하게 된 저의 체험은 결코 제 개인의 자랑이 아님을 말씀드리고 싶고, 이러한 경험을 가진 제 자신이 지금도 많은 결점과 삶의 고뇌를 가지고 있음을 고백하면서 도창의 식구들과 믿음과 사랑으로 교제하며 복된 믿음을 이룰 것을 소망합니다.

네가 누구를 미워하려하느냐?

이 종 옥 권사

저희 집안은 아무도 주님을 모릅니다. 저는 학창시절 친구들과 교회를 잠깐 나간 것 빼고는 교회를 다닌 적이 없습니다. 그러다 군대에 가게 되었고, 군에서 뜻밖에 주님을 알게 되었습니다. 군에는 군종사병이란 직책이 있습니다. 이 직책은 신앙심이 깊은 사병이 하게 되어 있는데, 전임 군종사병이 무슨 이유에서인지는 모르겠지만 저를 지목하고 제대를 하는 바람에 아무것도 모르는 제가 군종사병을 해야 했습니다. 아무것도 모르고 시작 한 일이라 처음에는 많은 실수를 하였습니다. 처음에는 걱정이 앞섰지만 시간이 흐르면서 실수 없이 모든 일을 처리할 수 있었고 군 생활을 큰 어려움 없이 보낼 수 있었습니다.

제대 후 사회생활을 시작하면서 저는 잠시 주님을 잊고 살았습니다. 그러다 믿음을 가지고 있는 아내를 만나 결혼하게 되었고 다시 교회를 나가게 되었지만 열심히는 다니지 못했습니다. 그러다 도창동 에이스 아파트로 이사 와서 도창교회를 다니며 조금씩 믿음이 성장해 나가던 중에 하나님의 기적을 만날 수 있었습니다. 하루는 구자규 집사와 봉고차를 타고 처갓집을 향해 시속 120Km로 운전 하던 중 서해안 고속도로에서 차바퀴가 파열되면서 차가 낭떠러지 쪽으로 미끄러져 가는 것이었습니다. '이렇게 죽는구나.' 하는 생각이 들었는데 낭떠러지 바로 앞에서 차가 한 바퀴 돌더니 뒤집어져버리는 것이었습니다. 정신을 차리고 박살난 앞 유리창을 깨고 나와서 보니 두 사람 모두 다친 곳 하나 없이 멀쩡했습니다. 주변 사람들이 다들 놀라며 '하늘이 도왔다.' 하더군요. 차는 폐차되었지만 우린 상처 자국 하나 없이 멀쩡하니 그때 정말로 하나님이 함께 하심을 알았습니다.

하나님이 함께 하심을 잘 알면서도 때로는 나태해지고 교만해지곤 합니다. 그리고 그때마다 주님은 부르십니다. 제가 협심증으로 시술을 받을 때도 그랬습니다. 저는 꾸준히 운동을 하고 있어서 심장병의 전조 증상이 전혀 없었습니다. 그날도 아침에 가게에 나갔다가 체한 것 같아서 매화동 박애의원을 갔었습니다. 의사 선생님이 체한 것은 아닌 것 같다며 큰 병원 가서 심장 검사를 받아 보라고 했습니다. 마침 그 다음날이 길 병원에서 혈압 약 받는 날이라 가서 이야기를 하고 검사를 했습니다. 검사결과 혈관의 90%가 막혀 있는 위급한 상황을 감지했고 바로 수술에 들어갔습니다. 시간이 더 지났다면 큰일을 당할 수도 있었습니다.

수술 후 퇴원을 몇 시간 앞두고 갑자기 코피가 쏟아졌습니다. 몇 주 전 축구하면서 다친 곳이 다시 터진 것입니다. 코피는 막힘 없이 끝없이 흘러나왔습니다. 코를 막으면 입으로, 입을 막으면 귀로 나오는데 죽는 줄 알았습니다. 정말 한 바가지 이상 쏟은 것 같습니다. 이비인후과에서 치료를 하다 쇼크로 기절까지 했고 혈액을 묽게 하는 약을 먹고 있었는데 피가 안 멈추면 중환자실에서 수혈을 하면서 치료를 해야 한다고 했습니다. 병원에서는 피를 많이 흘려서 피 부족 현상이 나타날까봐 계속 검사를 했습니다. 만약 피가 부족하면 수혈을 해야 한다고 했습니다. 그런데 저는 다른 사람보다 피가 진해서 다행이도 수혈을 안 하고 잘 치료가 돼서 무사히 퇴원을 할 수 있었습니다. 모두 다 하나님의 은혜이며 사랑임을 느낍니다.

하나님의 은혜를 체험한 사건이 또 하나 있습니다. 몇 년 전 사람을 미워 한 적이 있습니다. 그 사람이 얼마나 미운지 보는 것조차 싫었습니다. 그러다 보니 제 자신이 더 상처가 되고 힘이 들었습니다. 그렇게 시간이 흐른 어느 날 아침이었습니다. 잠에서 깨어나면서 이런 음성을 듣게 되었습니다. "너 자신도 못 하면서 네가 누구를 미워하려하느냐?" 그 후 그 사람을 봐도 마음이 편안해졌습니다. 저는 이 말씀이 지금도 주님께서 하신 말씀이라고 믿고 있습니다. 그렇게 저는 늘 하나님이 함께 하심을 느낍니다.

제가 은혜 받은 찬송은 "아 하나님의 은혜로 이 쓸데없는 자 왜 구속하여 주는지 난 알 수 없도다...., 내 모든 형편 아시는 주님 늘 보호해 주실 것을 나는 확실히 아네." 이 부족한 자에게도 하나님이 함께 하심에 감사하며 하나님께 영광을 돌리는 삶이 되도록 노력하는 그리스도인이 되겠습니다.

하나님의 향기를 전하는 마음

김병남 권사

1997년 여름, 저는 에이스아파트 105동에 월세 보증금 2000만 원의 월세를 살았습니다. 주변의 많은 아파트를 보면서 저와 아내 박도수 전도사는 한탄을 했었습니다. '서울에 250만 개의 아파트가 있다는데 하나님 우린 언제나 우리만의 집을 가져 봅니까' 하면서 말입니다.

여러 가지 사업을 실패하고 나이 사십에 재산도 능력도 없어서 일당 잡부 노동자로 하루 6만 원에 월수입 120만 원 정도가 저의 전부였습니다. 어떻게든 현실을 개선 해 보고자 30층 옥탑 꼭대기에 매달려 종일 노동일을 하고 때로는 장사가 비전 있을 것 같아 신용카드로 중고트럭을 사서 생선 장사도 해 보았습니다 그러나 사업과 현실은 언제나 녹녹치 않아 매일 매일의 나날들이 탄식과 한탄의 날들로 이어졌습니다.

그런 날들이 이어지던 어느 날 주일 예배 중에 내 인생이 형편없다는 생각과 내 아내에게 해 준 것이 없다는 생각이 들었습니다. 주일 예배가 끝마치고 저녁 무렵 아내에게 결혼생활 기간 동안 발생했던 여러 문제들에 대해 사과하고 내가 지금부터 당신의 소원 한 가지를 들어주겠다고 약속했습니다. 그 말을 들은 아내는 내게 새벽기도와 주일 봉사를 권면했습니다. 저는 그 다음 주부터 새벽기도와 주일 자동차 봉사를 시작했습니다. 그리고 2년이 지났습니다. 여전히 생활형편은 나아지지 않았으나 새벽기도의 일상화로 인해 하나님과 나의 새로운 관계형성과 기도의 방법 등을 알게 되었습니다. 그 2년은 내 일생을 통해 가장 많은 신앙의 신비를 체험한 시간이었습니다.

얼마간의 시간이 흐른 어느 날인가부터 전도의 의지가 일어 주변에 예수님을 전파하고 있는 나를 발견하게 되었습니다. 아마 오늘까지 10여 가정 정도를 교회로 인도한 것 같습니다. 그러는 동안에 저에게도 하나님이 주신 기회와 명철이 나와 나의 아내를 이끌어 40대를 거치는 기간 동안 4번의 중소기업 CEO를 거쳐 이제는 비교적 안정적인 개인사업을 하고 있습니다.

지금 제 사업은 많은 수익을 내지는 못합니다. 사업이나 신앙의 위기는 시도 때도 없이 밀어닥쳐서 의지를 흔들어 댑니다. 저는 삶의 여러 굴곡을 거치면서 하나님의 선한 의지를 확신하는 믿음을 갖게 되었습니다만 생각해보면 하나님과 신앙이 내 인생의 복권은 아니었습니다. 매일의 기도에 풍요를 구하고 발복을 원하지만 기적 같은 복이 제게 왔을 때도 입으로 외치는 감사일뿐 은혜와 감동의 무게가 저를 길도록 행복하게 하지는 못한 것 같습니다. 그것은 짧은 시간의 감동이 끝나면 새로운 도전에 직면하게 되는 현실이 늘 우리를 내 몰아치기 때문인지도 모르겠습니다.

그런 식으로 은혜의 무게는 깃털과 같고 고통의 무게는 천근과 같이 느껴져서 우리가 하나님을 대하는 태도와 신앙의 깊이가 늘 흔들리는가 봅니다. 어찌 어찌 나이 오십대 중반쯤 되고 보니 역사는 반복되면서 발전한다는 토인비의 말처럼 우리의 신앙도 깊고 옅음을 반복하면서 발전하는 것이 아닌가 하는 생각이 듭니다. 여전히 개선되지 않는 현실과 만족할 만큼 자라지 못하는 신실함이 늘 나를 흔들어 대지만 삶의 한때 새벽기도를 통해 내 삶을 노크 하셨던 하나님을 생각하면 내가 했던 헌신이나 노력에 비해 하나님이 주신 은혜가 길고도 크다는 것을 확신합니다.

거의 십칠 년 동안 들쑥날쑥 도창교회에 나왔지만 한시도 교회생각을 안 한 적은 없습니다. 여러분 모두가 그렇겠지만 저는 백승학 장로님의 기도를 들으면 많이 행복합니다. 언젠가는 나도 저와 같은 무게로 예수님을 사랑하리라 하고 맘을 먹게 만드는 장로님의 기도소리는 내 신앙의 지표였습니다. 우리교회에는 본받을만한 신앙의 선배들이 많습니다. 목사님의 엷은 목소리에 묻혀있는 하나님에 대한 진정성이 내 귀에 들리는 것과 가벼운 숨소리마저 하나님과 소통하는 것으로 들리는 백 장로님의 대표기도소리와 주일이면 얼굴맞이 사역을 담당하시는 이장로님의 풍성하고 따뜻한 배려 그리고 순종과 온유를 몸에 익히신 박장로님과 칠순에도 주방에서 맛있는 음식을 준비하시는 홍권사님 등등 모두 귀하고 본받을만한 신앙의 선배님들이 많이 계시는 도창교회에 나오게 된 것을 무한한 영광이며 은혜로 생각합니다.

이분들이 내게 주었던 일상의 신실함이 더 할 수 없는 간증으로 내게 다가 왔듯이 내 간증 또한 내 일상을 통해 드러나길 원합니다. 백승학 장로님이 네게 주셨던 하나님의 향기가 나를 통해 누구에겐가 전달되기를 간절히 바라며 다시 한 번 저를 인도하여 주신 하나님의 은혜에 감사드리며 사랑으로 보살펴 주신 목사님과 많은 성도들에게 마음으로 감사드리며 주의 이름으로 축원합니다. 아멘.

십일조의 특별한 계산법

김 주 형 권사

모태신앙으로 내 자신의 정체성을 확립하기도 전에 주님은 내 삶의 일부가 되어 있었습니다. 집, 학교, 교회는 내 생활공간에 전부였습니다. 중 2때 학생부 회장을 하면서 신앙이 급성장한 것 같습니다. 하계수련회에서 지금은 기억에도 아련한 어느 시골기도원에서 처음 하나님을 만난 것 같습니다. 세례도 그때 받았습니다. 교회가 학교에서 집으로 오는 길에 있어서 늘 하교 때면 교회에 들러 본당에서 기도를 하고 집에 오는 학창시절을 보냈습니다.

그렇게 오후 5시 넘어 집에 오면 어머님은 늘 1시간정도 안방에서 기도를 하셨습니다. 어느 때는 5시 어느 때는 6시 나지막한 소리로 형과 나를 위해 눈물을 흘리시며 기도하셨습니다. 그런 모습을 떠올리며 마루에 조용히 앉아 생각에 잠기 곤 했습니다. 아마도 내가 사춘기를 아무 탈 없이 넘길 수 있었던 것은 어머님의 기도 때문이라 생각합니다. 가치관의 혼란 속에서 이탈을 꿈꿀 때 보잘 것 없는 나를 위해 기도하시는 어머님의 모습이 반대편으로 떠올랐기 때문입니다. 이 모습은 살면서 가장 힘들고 어려운 군대(1공수특전여단) 생활에서도 마찬가지였습니다.

대학생활은 나의 가치관에 많은 혼란을 가져다주었습니다. 집, 학교, 교회 생활이 전부였던 나에겐 세상문화를 처음으로 접하는 순간이었습니다. 모든 것이 새로웠고 달콤했습니다. 그리고 남자로 태어나 '우물 안에 개구리로 살았다' 는 자괴감에 사로잡혔던 시기였습니다. 담배도 피워보고 술도 마셔보고 당구장에서 보내는 시간이 많아졌습니다. 아마 이때가 영적으로 나에게는 가장 긴 암흑기였던 것 같습니다. 삶에 큰 일이 있을 때마다 기도원(한얼산, 오산리)을 찾았던 걸 보면 주님과 아주 멀어져 있지는 않았던 것 같습니다.

1992년 형님이 도창교회를 담임하게 되면서 섬길 교회문제로 가족회의를 가졌습니다. 부모님은 개척교회로 힘들 형에게 십일조 등 조금이나마 도움이 되었으면 하는 마음에 형 교회로 옮기기를 바라셨습니다. 나는 오히려 형과 성도들에게 부담이 될 수 있으며 설교말씀이 은혜가 되지 않아 개인 신앙생활에도 마이너스가 될 것이란 논리로 다니던 기둥교회에 남기를 주장했습니다. 그러나 역시 내리 사랑인 것을!

일요일이면 나는 졸지에 부모님을 모시고 승용차로 30분을 달려 주일 아침부터 저녁까지 종일 예배를 드리고 집에 오는 날들이 시작되었습니다. 그렇게 보낸 지 몇 년이 되었을까? 어느 저녁예배 시간에 나도 모르게 하염없이 눈물이 계속 흐르는 것이었습니다. '믿음은 들음에서 난

다' 고(롬 10:17) 주님의 사랑을 다시 맛보는 계기가 되었습니다. 정말로 믿음은 들음에서 납니다. 말씀을 사모해 보시기바랍니다.

어머님께서는 식사를 준비할 때마다 쌀독에서 한 끼 식사할 양을 푸시고는 성미를 별도로 챙기셨고 성미를 봉투에 모아 주일마다 하나님께 드렸습니다. 경제권이 아버님에게 있었기에 매일 매일 생활비를 타 쓰시던 어머님은 온전한 십일조 생활을 못하시는 것을 늘 안타까워 하셨으며, 50이 넘어서야 쟁취하신 한 달 생활비 운영권에서 십일조를 구별하시어 하나님께 드리고 계십니다. 어머님은 늘 이 세상에서 물질의 복을 받기 원하면 십일조 생활을 철저히 지키라고 말씀하셨습니다. 우리가 이만큼 복 받고 사는 것도 십일조 생활 때문이란 것을 늘 강조하시고 몸소 실천하셨습니다.

나는 대학졸업 후 직장생활을 시작하면서 자연스럽게 첫 열매는 하나님께 구별했고 십일조를 철저히 지키게 되었습니다. 한 번은 직장 신우회에서 십일조로 이야기를 나눈 적이 있었습니다. 원천징수를 하고 나서 받는 돈이 월 급여인데 원천징수 후 실수령액의 십일조가 맞는지? 원천징수 전 총액의 십일조가 맞는지? 이때까지만 해도 나는 별 생각 없이 원천징수 후 실수령액의 십일조를 드리고 있었습니다. 나라에 먼저 바치고 나중에 하나님께 바친다는 것이 말이 되지 않는 것 같아 그때부터 원천징수 전 총액의 십일조를 드리고 있습니다. 와이프에게 프로포즈할 때도 온전한 십일조를 구별하기로 먼저 다짐 받았습니다. 벌써 20년이 다 되어 가는데 한번도 십일조 금액이 줄어든 적이 없습니다. '나를 시험하여 내가 하늘 문을 열고 너희에게 복을 쌓을 곳이 없도록 붓지 아니하나 보라' (말 3:10) 그래서 나도 감히 하나님을 시험해 본적이 있습니다. 온전한 십일조를 했을 때와 그렇지 않을 때 내 수입이 어떻게 변하는지를 시험해 보았습니다. 삶 속에서 십일조의 복을 체험하고 나니 온전한 십일조를 드릴 수밖에 없었습니다. 여러분도 한번 하나님을 시험해 보시기 바랍니다.

하나님과 주의 사자에 순종하며

백 종 수 권사

성경말씀: 여호와는 네게 복을 주시고 너를 지키시기를 원하며, 여호와는 그의 얼굴을 네게 비추사 은혜 베푸시기를 원하며, 여호와는 그 얼굴을 네게로 향하여 드사 평강 주시기를 원하노라 할지니라 하라(민수기 6장 24-26절)

이 말씀은 제가 가장 좋아하는 요절 말씀입니다. 왜냐하면 저는 하나님의 복을 많이 받은 사람이기 때문입니다. 그리고 지금도 순간순간 하나님의 인도하심과 복을 받고 살고 있기 때문입니다.

첫 번째 복은 믿음의 조모를 만나 것입니다.

저희 가정은 잘 아시는 것처럼 할머니로부터 믿음 생활이 시작되었습니다. 할머니는 항상 성령 충만하셨고 뜨겁게 기도하셨고, 새벽기도를 거르지 않으셨고 항상 성경 말씀을 읽으셨습니다. 할머니의 기도 모습 중 아직도 잊혀지지 않는 것은 교회학교 수련회 때 강천 작은 교회에서 늦은 시간 혼자 무릎 꿇고 방언으로 기도하셨는데 말로 표현하지 못할 정도로 강한 기운이 느껴졌었습니다. 할머니는 찬양을 즐거워하셨습니다. 제가 훈련소 입소하는 날이 매화교회 전교인 수련회 가는 날이었는데 수련회에 가는 장소와 제가 입소할 훈련소 방향이 같아 관광버스를 타고 훈련소에 같이 갔습니다. 그곳에서 할머니는 입소하는 손자를 위해 찬송가 453장 '주는 나를 기르시는 목자' 찬양을 반주도 없이 멋지게 불러주셨습니다. 그 덕분에 짧은 훈련 기간이지만 아무 탈 없이 잘 마칠 수 있었습니다. 그리고 할머니의 천국 환송예배를 통해서 다시 한 번 믿음의 가문을 이루게 하신 것을 감사했습니다.

두 번째 복은 믿음의 부모를 만난 것입니다.

장로님이신 아버지, 권사님이신 어머니는 항상 저희 3형제를 위하여 새벽마다 기도하셨고 어릴 적 새벽 기도 후에 자는 우리 형제 머리위에 손을 얹고 축복하며 기도해 주시던 모습이 생생합니다. 그래서 저도 저희 아이들 자기 전 머리위에 손을 얹고 기도해 줍니다. 부모님은 하나님 사역에 헌신하셨고, 교회 일에는 누구보다 더 열심히 봉사하셨습니다. 그런 부모님 기도 덕분에 저뿐 아니라 저희 형제는 어려서부터 믿음 안에 자라게 되었고, 넉넉한 형편은 아니었지만 부족함 없이 자랐고 남들 흔히 하는 사춘기의 시절도 모르고 자란 것 같습니다. 대학 입시와 취업도 어려움 없이 잘 지내게 되었습니다. 이 모든 것은 믿음의 부모님이 눈물로 기도하심이 있었기 때문이라고 믿습니다.

세 번째 복은 믿음의 배우자를 만난 것입니다.

요즘 세상의 눈으로 봤을 때 별로 매력도 없고, 작은 키에 장가가기 힘든 외모지만 결혼 전 저의 배우자에 대한 기도 제목은 믿음이 있고 교회에 반주하는 자매로 키도 160cm 이상인 자매를 만나게 해달라고 기도했습니다. 그런데 하나님께서는 저에게 믿음, 반주, 키뿐만이 아니라 지휘도 하는 아내를 주셨습니다. 여담으로 가끔 제 아내는 만난 남자 중에 제일 작은 청년과 결혼했다고 말하곤 합니다.

네 번째 복은 은찬이를 주심과 은찬이의 병 고치심의 복입니다.

결혼 후 1년 동안 아이가 생기지 않아 많이 힘든 시기를 보내야 했습니다. 목사님이 댁에서 가진 젊은 부부 친교 모임 때 아이 갖기를 위해 함께 합심하여 중보 기도해 주셨고 얼마 되지 않아 쌍둥이를 갖게 되었습니다. 중보 기도의 힘을 알 수 있었습니다. 찬열이 5살, 은열이 6살 때 신중후군으로 병원에 입원했고 결혼 후 처음 온 어려운 시기였지만 퇴근하면 교회에 들러 유아실에서 기도하고 밤마다 자는 아이 머리에 손을 얹고 기도했습니다. 감사한 것은 서울대 병원에 다니는 외래환자 중에 그래도 은찬이는 매우 건강한 편이었습니다. 소아암 백혈병 뇌성마비 등 머리를 빡 빡 민 아이들이 많은 대학병원소아과 병동에서 은찬이는 가장 가벼운 병이었습니다. 인자한 주치의를 만난 것도 감사했습니다. 그리고 지금 보듯이 재발 없이 5년이 되었습니다. 치유하신 하나님께 그리고 합심하여 기도해 주신 성도님들께 감사드립니다.

더 많은 복이 있지만 마지막 제게 주신 것은 분에 넘치지도 않지만 절대 부족함 없는 물질의 복입니다.

복의 시작은 온전한 십일조에서 시작되었습니다. 결혼 때 큰 집은 아니었지만 2천만원정도 융자 있는 에이스 아파트에서 신혼 생활을 시작했습니다. 그런데 제가 결혼 전부터 모은 적금이 만기가 되어 적금을 타게 되었습니다. 결혼 전 아내는 십일조를 온전히 하진 않았었고 이익의 십일조와 금액의 십일조를 어떻게 해야 할지 고민했었습니다. 아내는 감사하게 온전한 십일조를 결심했고 결혼 후 월급 외에 첫 십일조를 드리게 된 것입니다. 이것을 시작으로 하나님께서는 저희 가정을 축복해 주셨고 안경원 매출도 많이 오르고, 월급도 많이 올랐습니다. 지금은 아내가 저보다 더 십일조 생활에 철저합니다. 그리고 십일조에 고민하는 지체들을 보면 더욱 자신 있게 하나님의 인도하심을 경험한 것을 전합니다. 또한 안경원 동업하시는 사장님과 안경원 건물을 매입 할 때도 3억 원 정도의 매입 자금이 필요했었습니다. 사장님과 제게 준비된 자금이 일억 오천만 원 정도였고 은행의 대출 금액 여부에 따라 금액을 맞출 수 있었는데 감사하게도 일억 사천만 원이 대출 되었고 대출금 포함에서 3억 원을 맞출 수 있었습니다. 놀랍게도 금액이 정확히 맞았습니다. 그 후에도 여러 번 금액이 정확히 맞아 떨어지는 경험을 했습니다.

이런 저에게 2년 전 두 번째 어려움이 찾아왔습니다. 서울 성수동에 재건축 아파트를 샀고 건축이 늦어 조합에서 매매했던 아파트가 잘못되어 일억이라는 세금을 맞게 되었습니다. 그 당시는 이사한 아파트 대출을 한 일 년 절약하면 마무리 될 수 있었는데 다시 한 2년을 더 해야 한다고 생각하니 주신 복은 잊어버리고 서글픔만 많았었습니다. 그래서 올해는 마음을 굳게 먹고 힘내려고 송구영신 예배기도 제목을 가정 부채를 정리하는 한해 되기를 소원하며 기도했습니다. 맞겨 주신 사명도 순종하겠다고 결심했습니다. 그런데 하나님의 역사는 정말 놀라웠습니다. 아파트 담보 이자를 줄이기 위해 고객이었던 신한은행 차장과 상담 중에 저도 모르는 폐업한 개인 사업자 통장에 대출을 거의 갚을 만큼의 돈이 있었습니다. 그 당시 동업하시는 사장님이 제주도에 대출받아 구입하려는 땅 구입금액이 있었습니다. 그 돈으로 대출금을 갚는 은혜를 경험했습니다.

소천하신 할머니 그리고 저희 부모님께서 항상 하시는 말씀은 하나님 말씀에 순종하고 목사님 말씀에 순종하라고 하셨습니다. 부족하지만 순종하면서 감사하면서 사는 삶에 하나님께서는 인도하셨고, 함께 하셨습니다. 작지만 제게 주신 하나님 축복의 통로가 되어 이웃과 나누며 살려고 합니다.

끝으로 간증을 준비하며 저 자신 또한 제가 잊었던 하나님의 인도하심을 다시 한 번 깨닫게 되었고, 청년 때 사업가로 교회에 헌신하려 했던 저의 꿈을 다시금 발견하게 되었습니다. 또한 할머니의 도두머리 성전 건축의 구체적 꿈을 다시금 생각하게 되었습니다. 할머니는 지금의 성전의 모습보다 더 큰 소원을 가지고 계셨습니다. 그 소원을 더욱 크게 이루는 자손이 되기를 원합니다. 감사합니다.

희망과 도전의 감사

김 영 임 권사

믿음의 가정에서 태어나 저는 어려서 아무런 제약 없이 신앙생활을 하였습니다. 나름 열정적 신앙생활을 하며 교사로 성가대로 헌신하며 결혼 전 집사 직분도 받았습니다.

시인이신 시아버지와 모 교회 전도사님이신 시어머니와 함께하는 결혼 생활이란 늘 긴장의 연속이었습니다. 제게 있어서 결혼은 영적 침체기였습니다. 저희 시어머님은 모 교회 전도사님이셨습니다. 믿음의 첫 세대인 시어머니는 저와 함께 믿음의 가정을 든든히 세우고자 하셨습니다. 하지만 당시 귀신론에 치우쳐 기성교회로부터 이단 시 되었던 어머니께서 섬기시는 성락교회와 저는 믿음의 충돌이 생겼습니다. 며느리를 성락교인화 시키고 싶어 하시는 시어머니와 감리교인으로 남으려는 며느리의 교파적 갈등은 심할 수밖에 없었습니다. 이런 교파적 갈등보다 더욱 더 시급한 것이 저희 가정 속에 있었습니다.

너무나 지식적인 시아버지 그리고 토요일 오후면 어김없이 낚시 가방 챙겨서 떠나는 남편으로 인하여 주일이면 집안 분위기는 항상 냉랭하였습니다. 그러면서 시어머니의 원망은 며느리를 향하였습니다. 며느리가 영적 세계를 몰라서 귀신의 존재를 몰라서 시아버지와 남편을 제대로 인도하지 못하는 것이라고 아픈 말씀을 하시곤 하셨습니다. 그러면서 김기동목사의 성경을 보는 안경 강의와 귀신을 쫓는 축사의 반에 들어가서 공부를 하라는 것이었습니다.

차일피일 미루는 사이 저희 가정 속에 위기가 서서히 다가오고 있었습니다. 시아버님의 실수로 인하여 살고 있던 집과 남편의 공장을 내어 주고 우리는 지하 빌라로 이사를 하여야만 했습니다. 그러나 가정의 위기는 그것으로 끝이 아니었습니다. 이사한지 채 1년도 못 되어서 시아버님은 소천하시고 남편은 사정상 부재중인 가장이 되었습니다.남편의 부재로 인하여 비록 지하 34평 빌라였지만 대출금을 제때에 갚지 못하여서 우리의 보금자리는 경매로 넘어가게 되었습니다.

고난은 사람을 강하게 만든다고 우리는 살 집이 필요했습니다. 시어머니와 저는 낮에는 수원 법원 경매계에서 밤에는 교회에 가서 기도하기 시작했습니다. 우리의 피난처이신 하나님은 감사하게도 우리에게 작은 아파트를 선물로 주셨습니다. 남편의 부재로 저는 어린 두 자녀를 부양해야 하므로 일자리를 찾기 시작하였습니다. 다행히 결혼 전 보육교사 자격증을 취득하였기에 김주석목사님의 배려로 1999년 도창 선교원에 발을 디디며 도창교회 교인이 되었습니다.

도창교회에 오면서 저는 몇 가지 꿈을 이루었습니다.

첫 번째는 교회학교 교사로 임명을 받은 것입니다. 제가 비록 부족하지만 하나님께서 제게 주신 교사로서의 직분은 제가 하나님 앞에 가는 날까지 감당하고 싶었습니다. 그래서 항상 기도했었습니다. 교사의 직분은 얻었지만 어린 두 자녀를 데리고 신천동에서 버스를 타고 오전 9시 전에 교회 도착하여 예배를 준비하는 것이 쉽지는 않았음을 고백합니다. 특히 겨울철에는 차가운 바람을 맞으며 유치원생인 잠이 덜 깬 두 녀석을 데리고 오는 것이 무척 힘들었지만 교사로서의 직분은 놓고 싶지 않았습니다.

두 번째는 시어머님께서 저를 감리교인으로 인정하시고 남편의 영적인 부분도 제게 부탁하신 것입니다. 저희 남편은 현재 다른 교회 집사입니다. 술 과 담배 미안할 정도로 아주 잘 합니다. 주류세뿐만 아니라 음주운전으로 나라에 세금도 아주 많이 내는 그야말로 애국자(?)입니다. 이런 남편이 너무 힘들어서 떠나고 싶어 하나님께 헤어지고 싶다고 여러 번 기도했습니다. 그런데 기도 후에 하나님께서는 남편을 바라볼 때마다 측은함과 가족으로 인하여 지치고 힘들어 하는 남편의 처진 어깨와 굽어진 등을 보게 하셨습니다. 그래서 다시 기도합니다."남편을 믿음의 가장으로 세워 주시고 자녀들에게 믿음의 본을 보여 주는 아비가 되게 하옵소서"라고 말입니다.

세 번째 꿈은 진행 중입니다.

마흔에서 쉰으로 넘어가는 2012년 저는 제 인생이 불안해 지기 시작했습니다. 무엇인가 시작해서 남은 삶을 준비해야 할 것 같아 간호학원에 등록하였습니다. 전반기 6개월은 야간에 수업하고 후반기 6개월은 병원 실습과 야간에 학원 수업을 병행하여 이제 3월 9일이면 자격증 시험을 치르게 됩니다. 단기 선교에 대한 선한 꿈을 꾸며 학습을 시작했습니다. 자격증 취득 후 병원에 취직하여서 좀 더 많은 것을 배운 후 하나님께서 이끄시는 대로 순종하면 나아가려고 합니다. 국내든 국외든 어디든 필요로 하시는 곳으로 쓰시고자 하시는 대로 가고 싶습니다.

이 모든 하나님의 은혜에 감사드립니다.
아직도 꿈을 꾸고 희망을 갖고 도전하게 하심을!

교회에서 예배 드리게 되었습니다. 하나님께
됩니다. 부모님의 사랑에 감사드립니다.
기도와 물질로 도와주신 매화교회 성도님들과
백승학장로님과 전 교우들께 감사드립니다.
교회를 위한 바자회가 열리고 있습니다.
조직합니다.
하나님께 영광 돌립시다.
꽃꽃이, 반주 . . .)
를 갖겠습니다.

및 지난 주간 통계

간 안 내		지 난 주 간 통 계		
	시 간	남	여	계
배	오전 11:00			
배	오후 8:00			
배	오후 8:00			
회				
야	오후 10:00			
예 배	오전 4:30			
예배	오후5:00(토)			
예배	오후7:30(토)			
예배	오전9:00(일)			

리 교회는 !

창중앙교회는 1993.3.14일 매화 교회의 지교회로 도창동 3속을
으로 창립 되었습니다. 아직 어리고 연약하지만 예수 그리스도
반석위에 세운 교회로 하나님의 말씀앞에 성결한 교회, 예수의
을 나누는 따뜻한 교회, 성령 충만이 생활로 표현되는 즐거운
를 목표로 작게는 도창동, 넓게는 세계의 복음화를 위하여 커다란
음을 시작한 소망과 생명의 교회입니다.
이 길에 우리 함께 하시지 않으시렵니까?
당신을 기다리겠습니다.

교회창립일 :1993. 3.

제 1 권 1 호
1993. 5. 9.

기독교 대한 감리회

도 창 중 앙 교 회

DOCHANG CENTRAL METHODIST CHURCH

표 어 : 반석 위에 세운 교회(엡2:20)

목 표 : 교회의 터를 다지자

담임 교역자 : 김 주 석 전
장 로 : 백 승 학

주 소 : 경기도 시흥시 도창동 315-1
☎ 전 화 : (032) 695 - 035

제 3부

회복과 살림의 은혜

갈급함과 답답함을 이기는 신앙

최 미 애 집사

도창교회 성도로 살면서 제가 받은 은혜가 무엇인지 생각해 봅니다. 그것은 도창교회에서 인격적인 하나님을 만난 것이라 생각합니다. 예전에는 하나님을 몰랐고 억지스러운 비난을 했던 저였습니다. 친정도 미신을 믿었고 또 미신을 중히 여기는 시댁으로 결혼해서 어머님께서 하라시는 대로 매월 초사흘마다 시루에 떡을 찌고 북어를 사고 막걸리를 준비해서 초사흘 고사를 지냈습니다. 7~8년 지내다가 용기 내어 어머님께 이건 아닌 것 같다 이런 걸 하면 귀신이 더 달라붙는다더라 하면서 그만 두고 싶다고 말씀 드렸습니다. 어머님께서 의외로 순순히 받아들여 주셔서 그만뒀는데 안 좋은 일이 생길까봐 한동안은 불안했습니다.

그리고 몇 년의 시간이 흐른 뒤 시댁에 크게 안 좋은 일이 생기면서 그렇게 열심히 조상을 모셨는데 이게 무슨 일이냐며 남편의 주도로 시어머님, 큰시누님, 저희 내외는 교회에 발을 들여 놓았습니다. 그랬던 남편님(?)은 지금 열심히 쉬고 계십니다. 3~4년 그저 주일만 지키는 정도의 신앙생활을 하다가 97년 이곳으로 이사를 오면서 서울에서 저 하나를 데리러 이곳까지 차량 운행을 하시는 전도사님께 너무 죄송하여 이곳에서 교회 잘 다니겠다는 다짐을 하고 서울 교회를 정리 했습니다. 처음에 이 교회 저 교회 전전했는데 믿음이 없는 제게는 아무 의미가 없는 일로 생각되어 다시는 교회 같은 데는 가지 말아야지 하며 하나님 전에 나가는 것을 그만 두었습니다. 그 때는 고사를 그만 둘 때 들던 불안함마저도 없었습니다.

그러던 중에 큰 아이가 대학 3학년이 되면서 건축기사 자격증 시험을 보았습니다. 본인은 쉬웠고 잘 치렀다고 하는데 두 번 연속 떨어지면서 제 마음에 조바심이 일기 시작했습니다. '내가 자녀를 위해 뭘 한 것이 있는가?' 하는 생각이 들면서 뒤돌아보니 아무것도 해준 게 없어 너무 미안한 맘이 들었습니다. 그때 주위에 성당과 절에 다니는 분이 있었는데 자녀를 위해 새벽기도, 새벽예불을 드리고 자녀들이 작은 일에도 엄마에게 기도 부탁을 하고 그러면 자기들은 가서 기도하고 애들은 엄마 기도 덕분에 잘 됐다 그런다는 겁니다. 그런 소리를 듣자 뒷통수를 세게 얻어맞은 기분이었습니다. 그러면서 마음이 바빠지기 시작했습니다. '그래 나도 한때는 교회를 다녔었지. 그래 기도라도 해야지' 하는 참 단순한 생각이었지만 교회 나가면 나도 새벽 기도를 해야지 하는 마음이 들어서 어느 교회를 갈까 고민했습니다. 일단 교회가 집에서 가까워야 했고 마침 아랫집 살던 김영애 집사가 매자봉(매화동자원봉사협의회) 일을 하면서 도창교회 목사님 얘길 하는 것을 들었던 터라 망설임 없이 도창교회를 나가기로 정했습니다. 저 스스로 나와 첫날 바로 등록을 하고 그 다음날부터 새벽 기도를 하였습니다. 아무것도 모르고 그저 정성이라도 드리자는 마음이었습니다. 10월부터 교회를 나가게 되고 12월에 있는 시험에서 아이가 자격증을 땄습니다. 너무도 기뻤고 감사했습니다.

그러나 그런 감사하는 마음도 잠시 뿐 채워지지 않은 갈급함과 답답함에 삶의 재미를 느끼지 못했습니다. 하나님에 대해 몰라도 너무 몰랐고, 성경을 제대로 본 일이 없었던 것입니다. 책 보는 것은 좋아했지만 성경에 대해서는 그저 좋은 말씀이지만 재미없는 두꺼운 책 정도로 알고 있었습니다. 그러던 중 양육 프로그램이 생기고 저는 성경 공부라도 해 보자는 마음으로 참여했고, 묵상을 알게 되었습니다. 처음 목사님께서 내어주신 묵상 숙제는 출애굽기 33장 12-23절까지 였는데 황당했습니다. 도대체 묵상이 무엇이며 어떻게 해야 되는가? 거기서 무엇을 얻을 것인가 등 별 기대 없이 그래도 숙제니까 성경을 펴들고 그 구절을 읽기 시작했습니다. 모세가 출애굽을 앞두고 두려워하면서 "하나님께 나 혼자 가라 하시면 어떡하느냐 사람을 붙여 주셔야지 않느냐" 하고 하나님께서 "나는 너를 이름으로도 안다" 하시고 "너에게 은총을 주기를 원하며 내가 또한 너와 함께 할 것이다" 하는 그 말씀에 갑자기 알 수 없는 눈물이 흐르기 시작하는데 두어 시간을 소리 내어 울었습니다. 저는 그때 모세가 어떤 사람인지도 몰랐고 출애굽이 무슨 뜻인지도 몰랐는데 '나는 너를 이름으로도 안다' 하는 그 말씀에 커다란 위안과 감동으로 전해져 왔습니다.

그 후로 저는 묵상에 빠졌습니다. 창세기, 출애굽기, 마가복음, 요한복음, 고린도전후서, 히브리서 야고보서 등등을 묵상하며 독생자까지 내어주신 하나님의 그 크신 사랑에 감동하고(제 목숨을 줄 수 있어도 아이의 목숨은 절대로 줄 수 없으니까요) 세밀하심에 놀랐습니다. 그리고 제가 제일 이해되지 않던 악에 대해서 '왜 하나님께선 그의 전지전능함으로 이 세상의 모든 악을 제거하지 못하고 보고만 계시는가?' 였는데 양육과 제자 훈련 중에 접한 영적 전쟁, 순종 등의 책 속에서 삶 자체가 영적 전쟁이고 하나님이 다 해결해 주심을 알았습니다. 우리는 로봇이 된다는 것, 그래서 우리에게 자유 의지를 주시고, 우리가 선택하게 하셨다는 그 진리에 저는 하나님은 인격적인 분이란 걸 알았고 무한 감동이 밀려 왔습니다. 삶에서 큰 굴곡 없이 살았기에 미처 몰랐던 감사를 배웠습니다. 감사는 사탄의 진영에 쏘아 올리는 화살이라는 말에도 감동했습니다. 긍정의 삶으로 변함도 느꼈습니다. 그저 달라고 보채기만 하고 그리고 주기만을 바라는 이기심에서 놓여났습니다. 내가 먼저 그 나라와 그 의를 구해야 한다는 것도 알았습니다. 잘 어울리지 않고 혼자 있는 시간이 많았는데 교회라는 공동체 속에서 관계성을 배우고 사랑도 배우고 인내도 배웠습니다. 정말 바늘 끝만큼이라도 예수님을 닮아 가면 좋겠습니다.

이렇게 귀한 것 저 혼자만의 것으로 남겨놓지 않고 많은 이웃과 나누고 전하도록 노력하겠습니다. 지난 시간 하나님 부르심의 소명을 인지하지 못하고 그저 오늘도 무사히 하며 살았던 나약했던 삶이었음을 고백합니다. 영원한 것에 대해 사모하게 하시고 마음을 품게 하여 주셨고 그러한 것들에 땀과 눈물과 시간과 정성과 물질을 쏟을 수 있는 삶으로 인도해 주셨습니다. 언제나 저와 함께 하시고 또 도우시는 임마누엘 하나님, 에벤에셀 하나님! 감사합니다. 사랑합니다.

믿고 맡기면 모든 것을 책임져 주시기에

이옥란 장로

부족한 저에게 하나님의 사랑과 은혜를 나눌 수 있는 시간을 허락하신 하나님께 감사를 드립니다.

저는 불심이 강하면서 미신도 믿는 가정에서 태어났습니다. 친정어머니께서는 불공드리러 수시로 절에 다니시고 굿도 자주하는 가정에서 성장했습니다. 결혼해서 와보니 남편도 불심에 심취해 있었습니다. 아이들이 어릴 때 주일이면 포교원 법회에 참석하기도 하고 소라는 포교원에서 운영하는 유치원에 다녔습니다. 우리 양가 모두 교회하고는 거리가 먼 가정이었습니다.

소정이가 초등학교 저학년 무렵, 교회 다니는 친구가 교회 가자고 찾아오면 남편은 현관에 지켜 서서 못 가게 하였고, 그 아이 엄마는 저를 전도하려고 저희 집에 자주 방문하였습니다. 저는 그 당시 생각으로는 교회 다니는 사람들은 무슨 사연이 있는 사람들이 교회 다니는 줄 알았기 때문에, 내가 왜 교회가야 하느냐고 반문하며 거부하였습니다. 그랬더니 '소정이네도 언젠가는 교회 가게 될거라고...' 하는 것이었습니다. 그때는 그 말이 불쾌하게 들렸습니다. 지금 생각해 보면 우리 가정의 구원을 위해 기도를 많이 했으리라 믿고 감사하고 있습니다.

소정이가 중2때 커다란 아픔을 겪는 일이 있었습니다. 시어머니께서 점을 보시고는 조상귀신이 씌었다며 굿을 하기도 했습니다. 그러시면서 어떤 무당이 교회 다니면 귀신이 나간다고 교회 다니라고 하기에 가족 모두 교회에 다니게 되었습니다.

남편은 가정의 평안을 위해 다닌다며 몇 번 예배에 참석하더니 도저히 자기와는 맞지 않는다며, 우리가정이 소정이 때문에 교회 다니게 되었다며 소정이를 핍박하기도 했습니다. 저는 초신자였지만 목사님 권유로 새벽기도에 집중하게 되었고, 기도원에도 가 보았습니다. 소정이를 통하여 저를 무릎 꿇게 하시는 하나님을 원망하며 힘들어 하고 있을 때 주변 분들이 하나님께서 저희 가정을 구원하시려고 가장 연약한 소정이를 사용하셨다 하셨습니다. 소정이가 우리 가정에 축복의 통로 역할을 한 것이라기에 마음으로는 받아들이기 힘들었지만 감사해야겠다고 마음먹으니 소정이의 아픔을 어느 정도 헤아릴 수 있었습니다.

저희 가정이 차츰 안정을 찾게 될 무렵 구역식구를 통해 상처를 받게 되면서 교회를 잠시 쉬고 있을 때 우리 목사님과 친분이 있는 분을 통해 도창교회로 오게 되었습니다. 가족 같은 교회 분위기에 잘 적응을 하면서 신앙생활 열심히 해야겠다고 마음먹고 있을 때 소라가 비자 준비와 학교까지 정해 놓고 미국으로 유학을 가겠다기에 저희 부부는 만류 할 수밖에 없었습니다. 가정 형편상 경제력도 안 될 뿐 아니라 혈혈단신 어린 딸을 보낼 수 없었습니다. 하지만 소라의 뜻을 꺾을 수 없어서 하나님께서 소라를 향한 뜻이 계시기에 소라에게 주신 마음이라 생각되어 믿고 맡기면 하나님께서 책임져 주시리라는 믿음 하나로 보내기로 결정했습니다. 그때부터 새벽제단을 쌓기 시작했습니다. 소라가 출국하여 미국 생활을 시작하게 되면서부터 사탄의 유혹은 다양한 방법으로 시작되었고 저희 모녀를 공격하며 무너뜨리려 했습니다.

그럴 때마다 하나님께서는 저희를 그냥 내버려 두지 않으시고 강하게 붙잡아 주시며 기도하게 하셨고 고난과 역경을 이겨 낼 수 있는 힘을 주셨습니다. 때마다 연단 과정은 있었지만 잘 이겨 내게 하시고 한 단계씩 성장시켜 주셨습니다. 지금까지 아무 연고 없이 잘 지켜 주시고 형통한 길로 인도하신 하나님께 감사와 찬양을 올려드립니다.

두 딸을 통해 하나님께서는 저희 부부를 사랑과 은혜로 채워주시고 붙잡아 주시기에 감사드리며 하나님 은혜 안에서 하나님께 영광 돌려 드릴 수 있는 삶을 살도록 노력하며 잘 살아 갈 것을 다짐드립니다. 사랑스런 저희 두 딸도 하나님께서 잘 양육하셔서 크게 사용하여 주실 줄 믿고 열심히 기도하고 있습니다.

이 자리를 빌어 목사님과 우리 성도님들께 우리 두 딸을 위해 기도해 주신 것 다시한 번 감사를 드립니다. 감사합니다.

이제 더 이상 슬픈 눈물은 없습니다

홍 옥 자 집사

저는 우상 숭배하는 어머니 밑에서 자랐습니다. 봄이면 재수굿으로 시작해서 제가 아플 때면 병원과 약국을 다녀오지만 꼭 굿을 하셨고 그래서인지 사탄은 저를 사흘 간격으로 죽지 않을 만큼 눕혔다 일으켰다 했습니다. 그럼에도 저는 옆집 아주머니 손을 잡고 교회에 나갔으며 그런 저에게 어머니께서는 '교회에 돈 갖다 주러 간다, 그 집 가서 아예 살아라, 교인이 거짓말은 더 잘하더라' 하셨고, 심지어는 어린 딸에게 '연애 걸러 간다' 고 야단을 치셨지만 그랬던 어머님도 돌아 가실 때는 "며칠 후 며칠 후 요단강 건너가 만나리"하며 찬송을 부르셨습니다.

그렇게 성장을 하여 시누이의 소개로 남편을 만나 결혼하게 되었고, 교회에 가고 싶었지만 시댁도 우상을 섬기는 집안이라 어쩔 수 없이 20년이 넘는 세월동안 하나님을 잊고 살았습니다. 그러나 뒤돌아 볼 때 하나님께서는 항상 저와 함께 하셨고 부족함을 채워주셨습니다. 1997년 IMF를 만나면서 남편은 일자리를 잃게 되어 궁여지책으로 친구가 하는 가게 옆에서 몇 달 동안 과일 장사를 하게 되었습니다. 그 당시 저는 성당에 다니고 있었는데 그 친구는(직분이 권사였음) 저를 위해 매일 기도하고 있으니 교회에 나오라고 매일 같이 설득하였습니다. 그래서 남편에게 과일을 많이 팔려면 교회에 나가야 되겠다고 했더니 허락을 해서 그때부터 교회에 나오기 시작하였습니다.

할 일이 없는 남편은 점점 더 술에 취해 살았고, 급기야는 큰 병을 얻게 되어 몸과 마음이 몹시 허약해진 남편을 위해 공기 좋은 곳을 찾아 이곳 도창동으로 이사를 하게 되었습니다. 이 교회 저 교회를 전전하던 중에 남편이 길모퉁이에 도창교회가 있는데 가깝고 좋을 것 같다고 해서 도창교회에 오게 되었습니다. 그렇게 도창교회에 오게 되면서 힘들고 어려울 때 항상 함께 하시는 하나님을 가까이서 믿음으로 만나게 되었습니다.

부흥회 시간에는 수십 년 세월 남편을 미워했던 그 크나큰 죄를 눈물로 회개하게 하심으로 남편을 긍휼히 여길 수 있는 마음을 주셨고, 영성체험을 받을 때에는 방언의 은사도 주셨습니다. 막내아들에게 일어 난 큰 교통사고로 차를 폐차했지만 아들의 몸에는 멍든 곳 하나 없이 온전히 구해내 주심으로 간증하게 하셨습니다. 또한 너무나도 고집불통이었던 남편을 인도하셔서 죄를 전심으로 회개하게 하셨고, 천국의 문까지 열어 주셨습니다.

그렇게 주님께 더 가까이 가고 있었던 지난해 2월 남편이 갑자기 천국에 가는 감당하기 힘든 너무도 무서운 일이 저에게 일어났습니다. 5년만 더 아니 몇 달만 더 살게 해달라고 밤새워 기도드렸지만 주님께서는 그동안 많이 살려줬다는 음성을 주셨고 저는 그렇게 남편을 천국으로 보낼 수밖에 없었습니다. 남편과 결혼한 일이 고난의 시작이었다면 잃은 일은 더 큰 고난이었습니다. 더 잘해주지 못한 죄책감에 시달렸고 내가 무엇을 먹고 무슨 말을 하는지 조차 알 수 없었습니다. 잠은 왜 그리 안 오는지 때와 장소를 가리지 않고 흐르는 눈물은 때론 창피하기도 했으나 주체하지 못하고 아무도 나를 모르는 곳으로 교회를 옮겨야 할까 잠시 생각도 해 보았습니다. 그러나 항상 저를 위해 기도해 주시고 위로하시는 목사님과 사모님 그리고 성도님들을 생각할 때 정말 할 수 없는 일이었습니다.

그렇게 힘든 나날을 보내던 지난해 8월 어느 날 저는 꿈속에서 주님을 만났습니다. 그리고 시내산 정상 그 높고 아름다운 곳으로 저를 데려가 주셨습니다. 주님께서는 그 곳에서 고귀하신 오른손으로 턱없이 부족하고 못난 저의 왼손을 꼭 잡으시고 금빛 찬란한 아름다운 세상을 저와 함께 바라보셨습니다. 금빛 채색 옷을 입으신 주님을 똑바로 쳐다볼 수조차 없었고 곱고 하얀 드레스를 입은 제 모습은 어린 신부처럼 너무 너무 행복했고 황홀하기까지 했습니다. 저는 그렇게 주님에 정결한 신부가 되었고 그 많던 눈물을 한 순간에 씻어주셨습니다.

저는 찬송가 412장 '내 영혼의 그윽히 깊은데서' 를 자주 부릅니다. 먹이시고 입히시는 은혜에 항상 감사하지만 술 좋아 하는 남편 때문에 항상 불안했던 저에게는 주님이 주시는 참된 평화가 더 간절했나 봅니다. 이제 더 이상 슬픈 눈물은 저에게 없습니다. 기쁨과 감사의 눈물만 있을 뿐입니다. 변함없는 주님의 사랑 안에서 그리고 하늘 위에서 내려 주시는 참 평화를 누리며 오늘도 또 내일도 주님, 감사합니다.

아버지 하나님 감사합니다.

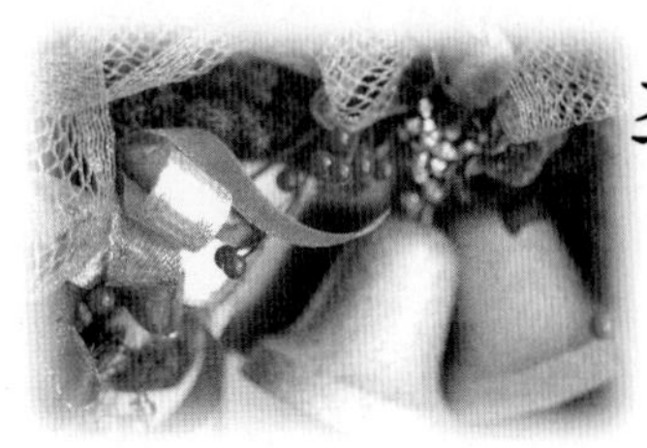

주님 앞에 의지하는 삶, 가식없는 삶

박 상 명 집사

현재 살고 있는 이곳에서 저는 태어나 자라났습니다. 초등학교 졸업 즈음 신앙생활을 시작해서 매화교회에서 행복한 청소년기를 보내며 신앙생활을 했습니다. 그러다 대학 3학년에 도창교회 개척멤버로 나오게 되었고 사실 부끄러운 고백이지만 개척멤버로서 갖추어야할 준비 없이 신앙생활을 시작하게 되었습니다. 이런 저런 일을 많이 했지만 진짜 하나님이 원하시는 일이 무엇일까 고민하면서 하지는 못했습니다. 그러다 결혼을 하고 남편 직장을 따라 이사를 다니다가 안양에 직장을 다니게 된 이후로 엄마가 사시는 근처로 다시 이사를 오게 되었습니다.

엄마랑 같이 신앙생활을 시작하고 얼마 후 갑자기 엄마가 쓰러졌습니다. 의식을 찾지 못하고 20일이 지나가는데 저는 어떻게 해야 할지 몰라 당황했습니다. 그리고 의식을 찾은 엄마는 내가 알고 있던 엄마와는 너무나 다른 모습의 사람이 되었습니다. 당황스러웠고 불안했습니다. 어떻게든 옛날의 엄마로 변화시키려 여러 가지 방법을 찾게 되었습니다.

그러면서 저는 제 남편이나 자식보다 나에게 더 큰 자리를 차지하고 있는 엄마의 존재를 깨닫게 되었습니다. 항상 문제가 있으면 엄마와 상의했고 저의 필요를 채워주셨던 엄마였기에 당연하다고 생각이 들었습니다. 그러나 그것이 아니었습니다. 시간이 지날수록 저에게 드는 생각은 제가 엄마를 온전히 바르게 떠나지 못했다는 생각이었습니다.

겉으로는 하나님을 의지한다고 했지만 실제적으로 의지한 분은 바로 엄마였다는 사실을 접하게 되었습니다. 당황스러웠습니다. 신앙생활을 하고 있었지만 나에게는 엄마가 하나님의 자리에 계셨던 것입니다.

'내가 하나님 앞에 갔을때 내가 과연 믿음의 사람으로서 천국의 주인공이 될 수 있을까?'

그때부터 하나님을 찾으려고 노력했습니다. 무시로 생각하고 이제껏 일이 닥쳤을 때 하던 방식에서 벗어나려 노력했습니다. 그러나 그때마다 저는 제 자신이 얼마나 견고한 죄인인가를 깨닫게 되었습니다. 나의 판단과 이성을 내려놓기가 어렵다는 것을 매번 확인하게 되었습니다.

그러다 제가 해결할 수 없는 일이 생겼습니다. 외국에 나가있는 남편과 떨어져 지내는 것이 힘들고 지쳤지만 남편과 함께 살 수 있는 방법이 쉽게 나타나지 않았습니다. 가장 쉬운 것은 제가 아이들을 데리고 남편 있는 곳으로 가는 것이었습니다. 그러나 그것은 엄마와 함께 살며 내 자신과의 다짐을 어기는 것이었고 저 또한 부족하게 살더라도 내가 좋아하는 사람들과 부대끼며 이 땅에서 신앙인으로 살아가는 것이 좋았습니다. 남편은 자신의 위치를 내려놓고 다시 한국으로 들어오는 것이 쉽지 않은 듯 했습니다. 하나님께 기도했습니다. 가족이 함께 지내게 해달라고 월급이 줄어도 괜찮고 우리 남편이 혹 직장이 없어지더라도 하나님이 인도해 달라고 그럼 저희 가족 소박하게 하나님이 주신 소중한 것을 지키며 살겠다고...

남편은 고민 끝에 회사에 이야기를 하게 되었고 그곳의 주변 분들도 남편이 한국으로 가기를 원하는 것을 알게 되었습니다. 그래서 그곳에서 사업하시는 지금의 사장님과 현재의 직장 이야기를 하며 한국법인을 세우는 일을 맡아 남편이 한국으로 돌아오게 되었습니다. 정말로 감사하고 감사할 따름입니다. 그러면서 제가 얻은 깨달음은 제가 남편에게 가식과 거짓 없이 가장 솔직한 마음을 전달했고 저의 남편도 자신의 미래가 확실하지 않은 두려움 가운데서 입을 열어 말을 했을 때 나머지는 하나님께서 가장 좋은 방법으로 인도하셨다는 것이었습니다. 심지어 제가 기도하면서 집에서 출퇴근하는 가까운 곳으로 일주일에 두세 번은 저녁을 같이 먹게 해달라고 기도했는데 그것까지도 응답하신 아버지께 감사를 드립니다.

부흥회를 통해서는 하나님의 자녀로서의 권세를 누리며 살아가는 멋진 꿈을 꾸게 되었습니다. 그러나 그러기 위해서 내가 하나님 앞에 거짓 없이 살아야 한다는 것을 다시 한 번 확인하게 되었습니다. 하나님을 의지하며 참 신앙인으로 살아가는 것이 참으로 쉽지 않겠지만 분명 설레이고 행복한 일이 될 것이란 걸 확신하게 되어 또한 감사합니다.

푸른 초장과 쉴만한 물가

박 미 나 집사

믿음이 부족한 제가 성도님들 앞에서 간증할 수 있는 기회를 갖게 되어 영광스럽게 생각합니다.

제 믿음생활은 엄마 뱃속에서부터 신앙을 시작했으니 벌써 39년째입니다. 모두들 알고 계시는 모태 신앙입니다. 남들은 흔히 모태신앙을 못된 신앙이라고 합니다. 제가 생각해도 못된 신앙이 맞는 것 갔습니다. 제가 그랬으니까요. 어렸을 때부터 작은 할아버지, 작은아빠의 개척을 돕고자 이곳저곳 떠돌아다니며 신앙생활을 했고 주일학교, 중고등학교 시절에는 구원의 확신 없이 습관적으로 교회를 다녔습니다. 저는 너무나 나태하게 살았고 세상의 쾌락을 즐기며 나의 마음은 세상의 물결로 채워지며 살았습니다.

조금이라도 제가 세상의 쾌락과 손잡기라도 하면 어김없이 하나님께서는 채찍질하시고 저를 질타하셨습니다. 하지만 저는 그 질타를 외면

했습니다. 단지 세상의 것이 너무나 달콤했고 좋았기에 시련도 돌파구가 생기고 어려움도 대충 극복이 되었습니다. 하지만 시간이 지나고 더 나이가 들수록 제가 뉘우치지 않고 기도 하지 않고 세상과 타협하려만 하니 하나님께서는 안 되겠다는 생각을 하셨나봅니다.

시간이 지날수록 주님께서 주시는 질타는 제가 느끼지 못한 정도에서 점점 강도는 커져만 갔습니다. 그럴 때마다 저는 더 회개 하지 않고 기도도 하지 않았습니다. 기도하고 간구하기 보다는 주님을 원망하고 불평만 했습니다. 그런 삶이 계속 반복되니 감당 못할 정도까지 오게 되었습니다. 그 때서야 제 눈이 트이고 제가 잘못함을 알고 뉘우치게 되면서 그때서야 주님을 찾고 바로된 신앙생활을 하게 되었습니다.

그 때가 바로 주님께서 저희 식구를 불러주신 시흥의 도창교회가 아니었나 싶습니다. 그전까지 주님을 믿는다고 하면서 저는 한번도 눈물 흘려 기도하고 찬양하고 말씀 들어 본 적도 없었습니다. 주님을 간절히 찾아본 적도 없었습니다. 하지만 도창교회와의 만남이 저에게는 큰 행운이었습니다. 저를 기도하게 만드셨고 항상 감사함으로 살게 하셨습니다. 작지만 봉사하게 하셨고 부족함 가운데서도 화평케 하셨습니다.

주님은 저의 원망도 불평도 용서하시고 주님 앞으로 회개하고 돌아오는 저를 안아주셨습니다. 모태신앙이라 제 믿음에 의심조차 하지 않고 자만하며 살았던 제가 주님을 제대로 알게 되면서 하나님께서는 제가 기도하기를 원하셨습니다. 그리고 주신 달란트를 사용하게 하셨고 봉사하게 하셨습니다. 결혼하고 신랑은 사업을 하게 되었고 여러 힘든 상황들이 겹치면서 금전적으로 결혼생활이 더 힘이 들게 되자 저의 부부사

이에도 불화가 끊이지 않았습니다. 매일 원망하고 매일 울고 매일 불평불만이었습니다. 하지만 어려운 그 상황에서도 주님께서는 저에게 손을 내미셨고 제가 갖은 달란트를 쓰게 하셨습니다.

아무것도 하고 싶지 않았던 저에게 일할 수 있는 힘을 주셨고 목사님의 제안으로 교회를 꾸미고 알파성경공부에 데코를 담당하게 하시면서 공부도 하게 하시고 수십 개의 풍선을 불면서 저의 혼란한 마음을 잡아주시기 시작했습니다. 데코를 위해 저는 집과 교회를 하루에도 몇 번씩 오가며 봉사해야 했습니다. 오가는 그 길을 주님께서는 그냥 가게 하지 않으시고 수십 번씩 생각하게 하셨습니다. 저의 맘을 흔드셨고 기도하게 하셨고 회개하게 하셨고 저의 신랑을 더 신뢰하고 사랑하게 만들어 주셨습니다. 만약 주님이 저의 달란트를 그 시기에 쓰게 하지 않으셨다면 어쩜 저의 부부에게는 돌이킬 수 없는 시련이 생겼을지도 모릅니다.

하나님의 말씀 안에서 가정을 세우며 든든하게 살게 하시는 주님께 너무도 감사드립니다.

그리고 또 한 가지는 제가 결혼하고 여러 번의 유산을 했습니다. 호영이를 낳기 전에는 약을 복용해서 중절수술도 하게 되었고 계류유산으로 아이를 잃어버리기를 수차례 하였습니다. 임신은 잘되었지만 준비하지 못하고 아이를 갖으려 하니 정말 순탄하지 못했습니다. 이렇게 여러 번 아이를 잃게 되니 너무나 힘들고 어려웠습니다. 신랑은 장손에 장남이었고 기독교 집안도 아닌터라 결혼한 지 3년째가 되어가니 걱정이 앞을 가렸습니다. 제 삶속에서 하나님께서 기적을 주실까? 포기하지 않고 기도하면 하나님께서 반드시 좋은 것으로 응답하신다고 했으니 무작정 기도 했습니다. 그리고 구체적으로 아이를 두고 기도했습니다.

얼마 지나지 않아 주님께서 답을 주셨습니다. 어렵게 그리고 기도로 생긴 아이인데 더 감사한 것은 흔히 남들 하는 입덧조차 하지 않았고 출산 때도 3시간의 짧은 진통으로 저의 호영이를 낳게 되었습니다. 하지만 기쁨도 잠시였습니다. 어렵게 갖은 아이인데 제가 너무 자만한 것인지 기도가 부족한 것인지 호영이는 태어난 지 백일도 되기 전에 요로감염으로 입원하게 되었고 의료사고로 아이가 크게 다칠 뻔도 했습니다. 하루하루가 십 년 같았습니다. 요로감염이 길어지면 신장이 크게 손상을 입을 수도 있다고 하셨고 매번 수혈과 투석을 하고 살아야 할지도 모른다고 하셨습니다. 주님께 왜 저희 아이냐고 울고 불평하고 원망했습니다. 하지만 돌아오는 것은 목 놓아 기도하라는 말씀뿐이셨습니다. 말씀대로 눈뜨면 기도하고 아이가 보채면 기도하고 우유 먹고 자는 모습을 보면서도 기도하고 하루에 수십 번씩 기도했습니다. 하나님은 제 마음을 아셨습니다. 정말로 한 달 만에 호영이는 깨끗하게 나았고 퇴원할 수 있었습니다.

저는 믿습니다. "(롬8:28)하나님을 사랑하는 자 곧 그의 뜻대로 부르심을 입은 자들에게는 모든 것이 협력하여 선을 이루느니라"의 말씀처럼 저 또한 기도하기를 원하셨나봅니다. 이제는 부모가 되어 자식들을 길러가야 되는 입장이 되고 보니 나를 간섭하고 책망해서 바른 길, 푸른 초장과 쉴만한 물가로 인도하는 목자가 있다는 것이 정말 복된 것임을 깨닫게 되었습니다.

목자 없는 양같이 방황하는 나에게 먼저 찾아 오셔서 손을 내미시고 어루만지시고 치료시켜 회복하시고 주님의 종으로 쓰임 받게 하시고 주님의 영광에 동참하게 하기 위해서 저를 기도하게 하시고 간증하게 하시는 주님께 감사드립니다.

주님께서 항상 우리 가족에게 큰 사랑과 더 큰 은혜를 주시리라 믿으며 부족한 간증이지만 끝까지 들어주신 여러 성도님들께 감사드리며 하나님께 영광을 돌려 드립니다. 감사합니다.

감당할 수 있을 만큼 이겨낼 수 있을 만큼

박 지 나 집사

도창교회 창립20주년 기념 간증책자를 통해 다시 한 번 저의 믿음과 삶을 돌아볼 수 있는 시간을 주심에 감사드립니다.

가장 먼저 감사드릴 것은 정말 평안하고 무탈하게 큰 어려움 없이 지금까지 잘 살았구나 생각이 듭니다. 그러면서 또 한편 드는 생각이 그래도 간간히 있었던 어려움 속에서 간절하게 주님께 매달리고 기도하지 않았었음을 회개하게 되었습니다. 그럼에도 하나님께서는 저의 필요를 아시고, 알아서 채워주셨으며 안전하게 인도 하셨음을 깨닫게 되었습니다. 지난번 부흥회 때 강사목사님께서 마지막시간에 말씀해주셨던 여수룬의 복을 저에게도 주셨다는걸 알게 되었고 정말 한없는 감사와 영광을 주님께 돌리게 되었습니다. 어려움에 닥쳤어도 제가 감당할 수 있는 만큼만 주셨기에 제가 이겨낼 수 있었음을 감사드립니다.

2007년 12월 친구 결혼식에 갔다가 집으로 돌아오는 길이었습니다. 5

개월 된 둘째 민석이와 급하게 횡단보도를 건너다 달려오는 버스에 치이는 사고를 겪었습니다. 안 신던 구두에 아이까지 안고 결혼식에 참석한 후라 발이 너무 아팠고, 서울에서 안산으로 오는 버스 배차시간이 길어서 눈앞에 보이는 버스를 놓치면 한참을 12월 추위 속에 민석이와 떨며 기다릴 것이 막막하였습니다. 그래서 생각할 틈도 없이 무작정 횡단보도를 건넌 것이 저의 불찰이었었습니다.

서울의 버스정류장은 중앙선에 위치해있어서 어쩔 수 없이 횡단보도를 건너는데 승용차들이 모두 정차 중이었음으로 파란불이었다고 생각하고 뛰어 건넜습니다. 하지만 신호가 막 바뀐 뒤였는지 멀리서 버스가 속도를 줄이지 않은 채 달려왔고 중앙선 쪽에 있는 버스전용차선을 미처 보지 못한 저는 민석이를 품에 앉은 채 버스와 충돌하는 사고를 당하게 되었습니다.

순간 저는 정신을 잃었고 정신을 차렸을 때는 정말 드라마의 한 장면처럼 차가운 아스팔트위에 누워있었습니다. 사람들은 제 주위에서 저를 내려다보며 웅성거리고 있었습니다. 그리고 저 멀리서 민석이의 울음소리가 들리는데 몸이 말을 듣지 않아 고개 돌려 민석이가 어찌되었는지 확인 할 수 없었습니다. 앞으로 메었던 아기띠는 등뒤로 넘어가 있었고, 다리는 움직여지지 않았으며, 멀리서 들리는 민석이의 울음소리에 저는 미칠 것만 같았습니다. 그래도 하나님께선 정신을 놓지 않게 하시어 제 손으로 식구들에게 사고사실을 알렸고, 빨리 민석이라도 식구들에게 보호하게 하고 싶은 마음만 간절했습니다. 주변 분들의 빠른 신고로 다행히 근처 대학병원 응급실에서 민석이와 전 응급처치를 받을 수 있었고, 응급처치 후 집근처 병원으로 옮겨 오게 되었습니다. 그땐 너무 정신이 없어서 큰 사고 와중에도 민석이와 제가 그만한 것에 미처 감사하지 못하고 그 시간들을 보냈음을 회개합니다. 맨몸으로 아기와 함께 버스에 치었는데 그 정도 다치고 후유증 없이 지금 이렇게 건강하게 지내고 있는데도, 그때에는 저의 믿음이 많이 부족해 감사함을 몰랐습니다.

말 못하는 민석이는 이상 없다는 말에 퇴원해서 외할머니, 외할아버지께서 봐주셨는데 자꾸 내려놓으면 우는 게 이상하여 다시 한 번 엑스레이를 찍어보니 쇄골이 부러졌던 걸 뒤늦게 발견하게 되었습니다. 일찍 알지 못해 그간 고통에 힘들어했을 민석이를 생각하면 가슴 아프나 더 크게 안 다치고, 빨리 회복한 것에 지금생각하면 너무 감사드립니다. 저 또한 동네 병원에서는 다리수술을 해야 한다고 했는데, 신랑의 권유로 병원을 옮겨 수술까지는 받지 않고도 치료를 통해 완쾌 될 수 있었습니다. 안 해도 될 다리를 수술했으면 어쩔 뻔 했을까 지금도 생각을 하면 아찔하지만 그때에는 그런 은혜를 감사하게 생각하지 못했습니다.

하나님께서는 감사하지 못하는 저를 책망하셨는지 두 번째 시련을 바로 주셨습니다. 이런 큰 사고를 옆에서 지켜보고 감당하던 신랑이 스트레스를 많이 받았었는지 면역력이 떨어져 12월말쯤 폐결핵에 걸려 피를 토하며 아프기 시작했습니다. 저는 동국대병원에서 부러진 코뼈수술을 마치고 어느 정도 회복이 되어 집에서 가까운 병원으로 옮겨 왔더니 바로 신랑이 결핵으로 고대병원에 입원하게 되었습니다. 그때에는 저도 무릎이 완전히 낫지 않아 앉았다 일어섯다를 잘 못하던 때인데 전염성이 강한 결핵으로 신랑이 입원하게 되어 어쩔 수 없이 저는 퇴원하고 신랑 옆을 지키게 되었습니다. 어린 민석이와 후승이는 혹시라도 아빠한테 감염이 될 수도 있기 때문에 6개월에 걸쳐 약을 먹어야했고, 한 달에 한 번씩 피검사를 해야 했습니다. 그런데 다행히 저를 비롯해 아이들도, 가까이에 살았던 친정식구들도 모두 감염되지 않았고 신랑 또한 빠르게 쾌유되어 갔습니다. 그때에는 그렇게 정신없이 하루하루를 보내느라 감사도, 기도도 하지 못했었는데 지금 돌이켜 생각해보니 엄청난 사랑을 받았으며 주님의 보호하심과 돌보심으로 고난 또한 이겨내게 하시고, 내게 유익이 되게 하셨음을 깨닫게 되었습니다.

모태신앙으로 늘 주님과 함께 있었지만 가까워지지 못하고 뜨겁지 못했던 제 신앙이, 부모님의 보호와 도우심으로 무탈하게 지내왔던 제가 결혼하고 저의 가정을 꾸리면서 제 책임의 문제들 속에서 점점 더 하나님을 찾게 되고 매달리게 되며 감사함을 배워가는 것 같습니다. 정말 다행인건 시간이 지나감에 따라 제 믿음 또한 깊어지고, 찬양의 고백이, 기도의 시간이 길어지며 간절해지는 것에 감사드립니다.

후승이가 6살이 되던 때 잦은 축농증과 중이염이 천식까지 이어져 한 달 가까이 대학병원에 입원해 치료를 받았었습니다. 어린 후승이에게 너무 많은 양의 스테로이드계 약물을 투여할 수밖에 없던 터라 점점 몸이 붓고, 털도 나며, 식탐도 늘어 갑자기 살찌는 모습을 보면서 이때부터 더 뜨겁게 기도를 시작했던 것 같습니다. 많은 약물을 투여해도 좁아진 기관지에선 쌕쌕거리는 소리가 줄어들지 않았고 성인이 되어서도 천식에 힘들어 할까봐 겁이 많이 났습니다. 병원 생활 또한 길어지면서 주님께 간절히 기도하기 시작했습니다. 하나님께선 제 기도에, 또 후승이를 위해 기도해주셨던 주변 분들의 기도에 응답하시어 지금은 감기에 걸려도 쌕쌕거리는 소리가 들리지 않을 정도로 천식이 완쾌되었고, 건강하고 지혜롭게 잘 자라고 있습니다.

2011년 여름 언니와 조카 호영이와 하은이 그리고 후승이, 민석이와 마트를 다녀오는 길에 집 앞 사거리에서 신호위반을 하고 달려오는 차와 저희 차가 충돌하는 사고를 당했습니다. 차가 많이 파손되었음에도 그 안에 타고 있던 저희는 털끝하나 다치지 않았습니다. 검사와 혹시 모를 후유증에 병원에 입원했어야 했는데 아이들이 방학 중이라 학교 걱정 없이 마음 편히 입원해 있을 수 있었습니다. 또한 합의금과 보험회사에서 나오는 입원비로 구멍 난 경제적인 어려움까지도 채워주셨습니다.

제가 알고 있던 때나 모르고 있던 때나 이렇게 항상 저희를 돌보시고 함께해주셨으며 치유해주셨던 주님을 이젠 믿고, 사랑함을 고백합니다. 그리스도의 사랑과 진리 가운데 그리스도의 사랑으로 모든 충만하신 것으로 우리에게 채우심을 굳게 믿습니다.

후승이를 위한 기도에 빠른 응답을 주셨던 치유의 하나님께서 민석이의 아토피 또한 곧 치료해 주실 것을 믿으며 기도하는 엄마, 기도하는 아내, 기도하는 자녀, 기도하는 성도가 되기를 소망하고 다시금 지나 온 세월을 되돌아보면 모든 순간이 하나님의 은혜였음을 감사합니다.

중심에 주님을 모시지 못한 믿음

한 경 화 집사

저는 오늘 큰아들 영도의 CT결과를 들으러 병원에 갑니다. 영도는 지난주 귀의 통증으로 간단하게 방문했던 이비인후과에서 진주종성 중이염으로 수술을 해야 할 수도 있다는 소견을 들어 대학병원에서 CT검사를 받았습니다.

형의 이야기를 전해들은 영민이가 울상이 되어서 "새해에 우리가족 모두 건강하고 아프지 않게 해주세요 라고 기도했는데 나는 복막염수술을 하고 왜 형아 까지 아픈거야? 기도를 안 들어 주셨나봐"라는 말에 "영민아~ 너하고 형이 이만큼만 아프게 하나님께서 지켜 주셨으니 얼마나 다행이니, 병에 걸린 사람들 중에 아파도 치료할 수 없는 경우가 얼마나 많은데, 또 영민이가 아프긴 했지만 수술해서 다 나았잖니, 형아도 수술하면 낫을 수 있어, 이 정도는 아픈 것도 아닌 거란다, 치료를 하고 수술을 해도 낫을 수 없는 사람들도 있고 돈 때문에 병원에 가는 것조차 힘든 사람들이 얼마나 많은데 우린 정말 감사하지 않니?" 라고 말해 주었습니다.

사실 그러면서도 다음 달 군 입대를 앞두고 있는 영도가 수술을 하게 되면 입대를 연기해야하고 재검을 하는 등 이런저런 문제가 생길 수 있기에 조바심으로 영도의 중이염이 심하지 않기를 기도했습니다. 그렇게 기도를 하면서 날짜를 기다리다가 문뜩 떠오르기 시작하는 생각들이 있었습니다. 아무 증상도 없었던 영도가 이 사실을 모르고 입대를 하였더라면 어쩌면 했을까. 한두 달 후에 중이염 증상이 나타났었으면 어떻게 되었을까. 이제 입대한 신병이 일일이 아프다고 말하기도 힘들텐데.심해지면서 얼마나 고생을 하였을까? 수술이 늦게 되면 청력에도 문제가 생긴다는데 생각해보면 너무도 감사한 주님의 사랑이셨습니다.

얼마 전 영민이의 수술로 인해 평범한 일상과 영민이와 나누는 시간의 소중함을 깨닫게 하시더니 영도로 인하여 모든 것에 예비해 주시는 은혜에 다시 한 번 감사하게 됩니다.

저는 믿음의 가정에서 축복을 받으며 태어났지만 습관적이고 성장이 없는 신앙생활을 하던 중 몇 년 전 힘겹게 짓누르는 삶의 무게를 핑계로 원망과 좌절을 경험하면서 주님을 떠나 어리석은 삶을 살던 시기가 있었습니다. 삶의 무게에 찌들어 방황하던 3년의 시간이 흐르고, 어느 날부터 어린 시절 새벽마다 잠자는 저를 쓰다듬으며 기도해 주시던 할머니의 기도 소리가 떠오르면서 주님을 향하는 주체할 수 없는 마음이 생기기 시작하였습니다.

그즈음 파킨슨병으로 투병 중이던 어머님과 치료차 병원에 다녀오던 아버님이 교통사고로 수술과 입원을 하셨다가 폐암말기 진단을 받게 되었습니다. 어린 시절부터 이런저런 이유와 마음의 상처로 관계가 원만치 않았던 부모님이었지만 얼마 남지 않은 시간들이었기에 기도로 준비하고 집으로 모시고와서 마지막 시간을 보내게 되었습니다.

처음 한동안은 회사의 이전으로 배로 힘들어진 직장생활과 아프신 부모님과의 생활을 병행하면서 느끼는 육체적인 피로와 또 통증으로 밤마다 힘겨워하시는 아버지를 지켜볼 수밖에 없는 마음의 고통에 너무 힘이 들었습니다. 그러던 어느 날 홀로 기도하시는 아버지의 모습을 보게 되었습니다. 그 심한 고통 중에서도 주님을 향한 감사함을 찬양과 기도로 고백을 하시고 자녀를 위한 기도를 쉬지 않으시는 아버님을 보면서 지금껏 느끼지 못하고 갈구하던 부모님의 사랑을 느끼게 되었습니다.

짧았던 한 달의 시간이지만 부모님과의 관계 회복의 시간이 되었습니다. 상처투성이였던 제 마음을 치유하시어 주님의 사랑을 깨닫게 하시고, 스스로의 허물에 싸여 온전히 주님을 중심에 모시지 못하였음을 회개시키셨습니다. 육신의 강인함을 주시어 피곤치 않게 하시고 직장 생활에 큰 문제가 없도록 돌보아주시어 한 달 만에 아버님이 돌아가시고 또다시 한 달 후 어머님마저 주님의 부르심으로 하늘나라로 가실 때까지 저를 붙잡아 주셨습니다.

스스로의 허물과 아픔으로 성장하지 못하던 저는 2010년 부모님의 소천 후 달라지기 시작하였습니다. 아이들과의 관계에서는 믿음과 사랑과 인내로 바라보게 하셨고, 세상과의 관계에서 주님의 자녀로서의 모습을 찾아가며 주님과 기도로 소통하는 삶을 시작하였습니다. 성령의 충만함이 그리스도 안에서 역사하심으로 새 사람으로 거듭나고, 세상의 곤고한 일에 담대할 수 있었습니다.

부모님으로 인하여 찾은 주님의 사랑과 은혜를 간증으로 나누게 하셨던 주님께서 또다시 아이들을 통하여 주님의 예비하심을 깨닫는 시간을 주심에 정말 감사합니다.

설움이 눈 녹듯 녹아내리고

김 영 란 집사

간증문을 발표하게 되어 무척 떨리고 한편으로는 저를 돌아보는 기회가 되어 감사하며 겸허히 받아들이게 되었습니다.

저는 윤옥분 권사님과 김병태 성도의 3남 2녀 중 막내로 태어났습니다. 유년시절부터 엄마의 권유로 매화교회를 다니게 되었습니다. 교회에 가면 마음이 편안했습니다. 친구들도 많고 간식도 주며 성경 말씀도 듣고 찬양과 율동도 배워 소극적인 저를 활기찬 아이로 만들어 주었습니다. 그렇게 시간이 흘러 청소년 시기, 사춘기를 맞이하면서 약간의 부정적인 시각이 튀어 나왔습니다.

'왜 내가 교회를 다니는가? 왜, 내가 엄마의 종교를 이어받아 믿어야 하는가?' 어지럽고 혼란한 시기를 맞이했지만 지극히 착하게 자란 저로서는 어머니의 말씀에 순종하여 계속 그렇게 그럭저럭 교회를 다니게 되었습니다. 하지만 마음의 짐은 벗질 못했습니다.

'나는 왜 교회를 다니는가? 하나님을 영접하고 있는가? 부르심을 받아 예배를 드리고 있는가?' 계속 왜? 라는 단어가 머릿속에 맴돌았습니다. 머리도 복잡하고 회사에서 일도 잘 되지 않고 심적으로 괴로워 나약하고 미약한 저는 힘들 때 주님께 부르짖게 되었습니다.

'주님 이 상황이 힘이 듭니다. 저는 어떻게 해야 하나요?' 기도하는 동안 시간이 지나면서 저도 모르게 울컥거려 눈물이 나왔습니다. 한동안 그쳐지지 않았습니다. 왜 그렇게 눈물이 나는지 몰랐습니다. 문득, '아! 내 얘기를 들어 주시는구나' 하는 생각이 들었습니다. 그동안 쌓여왔던 설움이 눈 녹듯 녹았습니다. 엄마의 위로처럼 위로 받았습니다. 마음이 편안했습니다. 감사했습니다. 그리고 조금이나마 의심했던 것을 회개하였습니다.

그 이후로부터 저는 조금씩 변화되는 삶을 살게 되었고 주님을 믿고 의지하며 힘들었을 때나(서진이 임신 7개월 때 조기 진통으로 인해 누워있을 때, 서은이가 팔이 부러졌을 때) 즐거울 때나 감사기도 드리고, 회개기도 드리고, 주님과 소통하는 시간이 조금 더 늘어가고 있었습니다.

고린도전서 10장13절 말씀 "사람이 감당할 시험 밖에는 너희가 당한 것이 없나니 오직 하나님은 미쁘사 너희가 감당하지 못할 시험 당함을 허락하지 아니하시고 시험 당할 즈음에 피할 길을 내사 너희로 능히 감당하게 하시느니라" 저는 이 말씀이 큰 은혜가 되었습니다.

두 아이 엄마가 된 저는 오늘도 기도를 합니다. 주님 서은이, 서진이가 주님과 소통하며 살게 해 주시옵소서. 아멘.

참고로 한 가지 더 말씀드리고 싶습니다.

2002년 새해 헌신 예배 때 그해 바라고자 하는 기도문을 적게 되었습니다. 목사님의 권유로 미래 남편상을 구체적으로 나열하여 기도문을 제출했습니다. 그해인 2002년 11월에 결혼하게 되었고, 2002년 송구영신 예배 때 새해 적은 기도문을 받아 보았는데 깜짝 놀랐습니다. 새해 헌신 예배 때 적은 미래 남편상이 바로 지금의 남편과 흡사했습니다. 주님은 언제나 미흡한 우리의 기도를 귀 기울여 들어 주신다는 것을 믿게 되었습니다. 감사합니다.

한눈팔지 않고 오직 주님만 바라보며

신 경 식 집사

저는 믿음 없는 가정에서 4남매 중 장녀로 태어났습니다. 처녀 때 절에 다닌 적이 있는데, 이상하게도 마음속에서는 '절에는 다니고 싶은 않다' 는 생각이 들었습니다. 아마도 그때부터 하나님께서 저를 하나님의 품으로 부르신 것이 아닌가 생각합니다.

당숙의 중매로 지금의 남편과 결혼을 했는데 남편도 6남매 중 장남이었습니다. 결혼을 하고 얼마 안 돼서 남편이 신경성 위장병으로 많이 아팠습니다. 남편은 연로하신 부모님, 어린 동생들을 위해 생계를 책임지고 있는 상황이었는데, 9식구의 생계를 혼자 책임져야 한다는 부담감에 신경을 많이 써서 병이 난 것이었습니다. 시아버지께서는 며느리가 잘못 들어와 아들이 병이 낫다고 하셨습니다. 그러던 중 주변에서 굿을 해보라고 권해서 시아버지, 시어머니께서 만신 집에 가서 굿 날을 받아오셨습니다.

만신이 오기로 한 전날 꿈을 꿨는데, 도둑이 살림을 다 가져가는 꿈이었습니다. 만신이 오기로 한 날 아침에 어머니께서 무슨 용도로 쓰이는지 정확하게 기억나지 않지만 좁쌀을 볶으라고 하셨습니다. 부엌에서 좁쌀을 볶는데 만신이 집 대문을 들어서는 순간 저는 깜짝 놀라고 말았습니다. 만신이라고 온 사람은 꿈에서 본 바로 그 사람이었던 것입니다. 저는 그 순간 섬뜩했습니다. 굿을 하면 남편이 오히려 죽을 거라는 생각에 볶던 좁쌀을 내동댕이치고 만신에게 가서 굿은 안 할거라고 당장 나가라고 했습니다.

그런 일이 있은 후 교회를 다니는 친 여동생에게 이 언니도 교회 다니고 싶다고 말 했습니다. 동생은 잘 생각했다고 하며 목사님 모셔다 예배드리라고 해서 윗집에 사는 백장로님께 말씀을 드렸습니다. 장로님과 권사님이 오셔서 기도해 주시고 매화교회 목사님을 모셔다가 예배를 드렸습니다. 그리고 이강희 권사님을 따라 교회에 다니기 시작했습니다. 하지만 시제 지내는 집에서 교회를 다닌다고 주변에서 말들이 많았고 곱지 않은 시선을 보내왔습니다. 저희 집은 그 당시에 시제를 지내고 농사를 지어서 생계를 유지해 나갔기 때문에 어쩔 수 없이 교회를 그만 다니게 되었습니다.

도창교회가 개척 된 후에도 교회를 다니고, 안 다니기를 계속 반복 하다가 아들이 큰 사건에 휘말리면서 하나님을 다시 찾게 되었습니다. 아들이 렉카 차 사업을 하는데 시비가 붙어서 약 두 달간 화성 보호소에 수감되는 일이 발생하게 되었습니다. 그리고 금전적으로도 큰 손해를 보게 되는 상황이 찾아 왔습니다. 아는 분의 말씀으로는 절대로 나올 수 없다고 했습니다. 저는 남편에게도 말할 수가 없었습니다.(지금도 남편은 이런 사실을 알지 못합니다.) 목사님께 아들일을 말씀 드렸더니 '기도하십시오' 하시면서 하나님 앞으로 저를 인도해 주셨습니다. 저는 매일 새벽기도를 드리면서 아들의 앞날을 위해 기도하였습니다. 그러면서 견디기 힘든 불안감에서 벗어날 수 있었고, 하나님께서 제 기도를 들어주셔서 아들도 일이 잘 해결되어 지금은 제자리를 찾아 열심히 살아가고 있습니다.

이번 일을 계기로 한 눈 팔지 않고 오직 주님만 바라보며 신앙생활을 잘 하겠다고 결심했습니다. 저는 지금 얼마나 기쁘게 신앙 생활하는지 모릅니다. 오래전부터 저를 부르셨고, 갈팡질팡하던 저를 돌아온 탕자를 맞아주시는 아버지같이, 저를 품속에 안아주시는 은혜를 체험했기 때문입니다. 요즘 찬송이 얼마나 은혜스러운지 찬송을 부르면서 눈물이 주르르 흐릅니다. 찬양의 가사가 다 제 고백인 것 같아서입니다. '예전에는 그렇지 않았는데, 지금은 너무나 밝아졌다' 고 어떤 분이 저에게 그런 말을 할 정도로 예전에는 느끼지 못했던 말할 수 없는 기쁨이 저에게 넘치게 되었습니다. 남은 삶도 더욱 하나님 말씀에 집중하며 순종하여 하나님이 기뻐하는 자녀로 살겠다는 다짐합니다.

끝으로 저의 간증 내용을 들어주신 목사님과 성도님들께 감사드립니다. 무엇보다 나를 사랑하시고, 나를 불쌍히 여기셔서 나의 기도에 응답해 주시는 하나님 아버지께 진심으로 감사드립니다.

믿음의 가문을 잇는 마음

강 대 성 집사

저는 사랑하는 아내 김영란 집사와 함께 자녀 서은, 서진과 지지고 볶으며(?) 살고 있습니다. 제가 도창교회를 등록하게 된 것은 아내의 친정이 도창동이라 신혼 때에 아내가 친정에 가고 싶어 할 것 같아 주일에 친정 가까이에 있는 교회에 보내면서 자연스럽게 저도 다니게 되었습니다.

처음에 간증문을 발표하라고 목사님께서 말씀하셨을 때에는 왜 이런 것을 시키는가 하는 생각도 들었고 다른 교회를 다녀야지 하는 생각도 들었습니다. 그러나 '40여년의 믿음 생활을 정리하는 좋은 기회'라는 생각에 순종하는 마음으로 받아들이기로 하였습니다.

저의 집안이 주님을 영접한 것은 어머니의 할머니가 은산성결교회의 첫 성전의 돌을 나르셨을 때로부터 시작하여 제가 4대째입니다. 그 은산성결교회가 내년에 100주년 감사 예배를 드리는 것으로 보면 100년 전 증조할머니의 믿음이 저의 집안의 주춧돌이라고 말 할 수 있을 것 같습니다. 또한 친할아버지께서는 군산 성결교회 초대 장로이셨으며, 지금 저희 집안에 목사님이 일곱 분이 계시는 것으로 보아 저는 축복 받은 집안의 자손인 것 같습니다.

저의 어린 시절을 돌아보면 제 놀이터는 교회 및 성락원(은퇴 여전도사님이 모여 사시는 곳) 앞마당이어서 자연스럽게 교회에서 믿음 생활을 해왔습니다. 신기하게도 럭비공처럼 어디로 튈지 모를 청소년시기에도 한번도 하나님에 대한 의심이나 교회에 대한 반항심 같은 것은 없었습니다.

얼마 안 되는 지금까지의 저의 삶을 돌아보면 큰 어려움이나 고난을 겪은 것이 없는 평범한 삶인 것 같습니다. 그러나 주변을 돌아보면 가정의 해체, 자녀들의 방황과 무질서 등 너무나 비정산적인 일들이 일어나는 것을 보면서 그 평범하다는 것이 어쩌면 가장 놀라운 주님의 축복이며, 은총이 아닌가 하는 생각이 듭니다. 주님의 축복과 은총 그것은 선대 분들이 새벽에 제단을 쌓고 주님께 매달려 자손들을 위하여 기도하신 것들이 지금 저의 삶을 지탱해 주는 원동력이라고 생각합니다.

'나는 심었고 아볼로는 물을 주었으되 오직 하나님은 자라나게 하시나니 그런 즉 심는 이나 물주는 이는 아무것도 아니로되 오직 자라나게 하시는 이는 하나님뿐 이시니라."(고전3:6-7) 이 말씀이 은혜가 되어 저희 가족 모두 믿음의 동역자로 하나님 집에 거하며 하나님과 함께 동행의 삶으로 살기를 소망합니다.

제가 이 자리에서 말씀 드리고 싶은 것은 저는 구원 받았다는 것이며, 저 또한 저의 선대 분들처럼 제 자손들을 위하여 기도하여 믿음의 가문을 이어 갈 수 있도록 하겠다는 것입니다. 또한 주님을 위한 일에 좀 더 일할 수 있도록 노력하겠습니다. 감사합니다.

치료의 하나님 만병통치 하나님

김현희 집사

할렐루야!

나의 목을 치료하시고, 우울증을 치료하시고, 갑상선 결절을 제가하시고, 나를 다스리시고 만져 주셨습니다. 나를 긍정의 삶으로 풍성케하신 분이 하나님이십니다.

우리 둘째(영빈)가 네 살 때 일입니다.

겨울 목감기로 인해 8년의 세월을 목이 쉰 채 힘들게 살아야 했습니다. 아이가 어려서 책을 읽어달라고 산더미처럼 많은 책을 안고 엄마에게로 옵니다. 저는 목이 아프기에 읽어줄 수 없어 안타까움에 스트레스가 쌓입니다. 그러면 목이 더 아파서 따끔거리고 통증까지 느낍니다. 저는 애기를 할 때도 큰 소리로 해야 했습니다. 제가 제 소리에 힘도 들지만 시끄러워서 정신이 하나도 없었습니다.

저는 우울증까지 겹쳐 날마다 피곤하고 의욕도 없고, 매사가 짜증스럽고 살기도 싫었습니다. 괜한 남편한테 불평, 불만이 가득했고, 아이들을 돌봐 주지 않는 이유로 분노까지 치밀었고, 설거지를 하면서 그릇에 화풀이를 하였습니다. 아이들이 자기 할 일을 스스로 안한다고 소리 지르고 야단치고 칭찬보다는 모든 눈에 보이는 것이 못마땅하고 맘에 들지 않았으니 얼마나 아이들이 정신건강에 악영향을 제가 끼쳤을지 지금 생각해 보면 아찔합니다.

저의 삶에 대해서 생각해 봅니다. 옛날에 저는 온순하고 조용한 성격이었는데, 지금은 완전 아줌마 깡패가 돼 있습니다. 아들 둘 키운 엄마가 이렇게 변하나 싶어 억울하고 나의 인생, 나의 삶이 아니다 싶었습니다. 어느 날 교회에서 성악교실, 서예교실을 운영한다는 소식을 듣고 저도 등록을 했습니다. 저도 교회를 다녔던 사람이라 교회에 대한 거부감이나 부담은 없었습니다. 저의 목을 치료하고, 우울증을 치료하기 위해서 다니기 시작한 것입니다. 엄마가 건강해야 가정이 건강하다는 것을 그제야 깨닫게 되었습니다. 그동안 제가 정신적으로 건강하지 않아서 정상적인 아이들한테 야단치고 윽박지르고 거친 말 하고 생각해보니 모든 것이 저의 문제였습니다.

저는 병원치료도 생각해 보았습니다. 하지만 저의 생각은 병원보다는 분명 나의 의지로 치료할 수 있을 거라는 확신이 있었습니다. 저는 하나님을 다시 만나게 되었습니다. 다시 만난 하나님은 옛날에 만난 하나님이 아니었습니다. 성경말씀이 믿어지기 시작했습니다. 불신이 사라졌습니다. 자녀를 노엽게 하지 말라는 말씀에 나를 돌아보게 되었고 화도 다스르게 되었습니다. 아이들에게 잘못한 것도 용서를 구하라 해서 우리

영빈이한테 본격적으로 사과하고 용서를 구했습니다. 다시는 소리 지르지 않고 야단치지 않도록 노력하겠노라고, 미안하다고 영빈이도 원인제공하지 말아 달라고 했습니다. 그 후 저는 항상 하나님 말씀 안에 거했습니다. 주신 말씀 묵상하고 삶에 적용하며 닮아가려고 노력했습니다. 화가 치밀 때면 주님을 생각하면서 꾹꾹 누르고 좋은 생각으로 내려놓고 비우고 참고 반복에 반복을 거듭하니 목이 나았습니다. 우울증도 사라지고, 우울증으로 인해 주방, 식탁등을 현란해서 못 켰는데 지금은 환하게 밝히고 살고 있습니다. 저의 삶은 점점 안정을 되찾고 풍성해지고 감사가 넘쳤습니다. 하나님 늦게 만난 걸 후회했습니다. 아이들 어릴 때 기도 못 해 준 게 못내 아쉽습니다.

2년 전 종합검진에서 갑상선 결절이 심하다는 결과가 나왔습니다. 조직 검사까지 했습니다. 6개월 후에 검사를 다시 하라 했는데 검사비도 많이 들고 해서 10개월 후에 했더니 2mm였던 것이 0.2mm로 줄고 많던 결절이 모두 사라진 것입니다. 방사선 기사가 검사를 한참을 하는데 얼마나 열심히 하는지 저는 문제가 있는 줄 알았는데 없어진 결절을 찾느라 열심이었던 것입니다.

제가 갑상선 결절이 사라진 걸 원인 분석해보니 마음이 편했던 것이 원인인 것 같습니다. 옛날에는 세상 근심 걱정 다 안고 살았는데 지금은 하나님게 다 맡기고 살고 있습니다. 하나님 만나기 전에는 신경이 예민해서 음식 먹고 체하기도 많이 했습니다. 아파서 고개를 잘 못들 정도여서 병원에 가면 의사 선생님이 신경 쓰지 말라고 신경성이라고 말씀하셨습니다. 두통도 달고 살았습니다. 지금은 체하는 것도, 두통도 깨끗하게 사라졌습니다. 하나님은 치료의 하나님이십니다. 만병통치약이신 하나님!!

괴로움으로 가득했던 삶속에서 찾아오신 인자하고 온유하신 주님의 음성은 저를 회복으로 이끄셨고 제 영혼은 기쁨과 감격으로 충만했습니다. 저는 하나님 믿지 않는 사람을 만나면 시도 때도 없이 전도합니다. 내가 만난 하나님을 말로 다 표현할 수 없다고, 믿어보면 안다고. 돈보다 더 좋은 것이 하나님이라고, 하나님이 숨겨둔 보화를 캐라고 말입니다. 모든 영광을 하나님께 드립니다.

하나님의 선물

나 희 정 집사

결혼 20년, 우리 부부는 다른 평범한 부부가 겪을 수 있는 일들을 거의 다 겪은 듯합니다.

밖에서 보기엔 아무 문제없는, 부부가 함께 믿음생활 잘하는 부부로 비춰졌겠지만 주님과 세상에 양발을 담구고 사는 남편과의 골은 너무도 깊이 자리했습니다. 작년 봄이었습니다. 남편은 남편의 방식대로 전 저 나름의 계획을 가지고 큰 아이의 수능이 끝나면 합의이혼을 하기로 계획하고 있었습니다. 말은 하지 않았지만 아이들도 부모의 심정을 느낌으로 알고 있는 듯했습니다.

왜 하필 나냐고 하며 한탄하기도 했고, 행복하게 살고 싶다고 애원하기도 했습니다. 세상 속에서 결단하지 못하는 남편을 보며 기도하기를 차라리 돈을 주지 말고 거지를 만들어 달라고 기도했습니다. 기도의 힘은 현실로 나타나 하나님께서는 다 가져가시고 남편에게 육체의 아픔까지도 보너스로 더하셨습니다.

목사님께서도 남편이 아픈 걸 아시고는 기도해주셨고, 주님은 은밀하게 저희 부부를 만지셨습니다.

주님의 사랑, 주님의 눈물, 끊을 수 없는 그 사랑으로 말입니다. 우리의 마음과 결단으로는 도저히 할 수 없는 일들을 주님의 만지심으로 회복시키셨습니다. 주님께서는 저에게 말씀으로 만지시며 남편을 사랑하는 마음의 회복을 주셨고, 남편에게는 기도와 말씀으로 육체의 아픔을 이기게 하시고, 부부의 관계가 회복되자 또 다른 복도 허락하셔서 물질도 회복시키셨습니다.

그렇게 미웠던 남편이 미안해서 미안하다는 말조차 못하는 순진한 남편이 어찌나 처량하고 불쌍하던지. 남편과 저는 자존심 때문에 던졌던 말로 상처받은 마음을 용서하며 서로 끌어안고 울면서 서로를 위로했고 저희 부부의 관계는 회복되었습니다.

남들은 제게 물어봅니다.

친정에서 도와 주셨냐? 아니면 시댁에서 도와 주셨냐고.

전 이야기합니다.

기도와 말씀으로 부부가 온전히 하나가 됐을 때 남편을 통해 하나님께선 일하신다고, 사람이 할 수 없는 하나님의 방법으로 선물로 주셨다고. 주신 분도 주님이시고 가져가시는 분도 하나님이시기에 두렵지 않습니다. 남편은 다른 곳으로 이사하자고 했지만 도창동에 머물며 교회를 섬기라고 필요한 만큼만 허락해 주셨습니다.

남편은 요즘 밥도 지어주고, 아이들도 챙겨주며, 밤에는 동네 한 바퀴를 돌며 교회와 학생부의 이야기를 하면서 종종 싸우기도 하지만 지금 전 적당히 행복합니다. 그리고 그 나머지 행복은 주님 나라와 의를 위해 행복하기를 원합니다.

하나님께선 우리의 아픔을 누구보다 아파하시겠지만 이길 수 있을 만큼만의 아픔을 주시는 이유는
그 아픔을 멋지게 이겨내서 세상 가운데 빛과 소금이 되라고 주시나 봅니다. 우리부부의 모습을 통해 많은 가정이 회복되길 기도합니다.

오늘도 우리 삶 속에서 크고 작은 기적을 만드시고 주의 영광을 위해 만지시는 주님을 찬양합니다.

일꾼 되어 성장케 하신 사랑

백 종 섭 집사

저는 김영남권사님의 손자이며 백승학장로님의 막내아들입니다. 다들 아시듯이 모태신앙으로 믿음 안에서, 기도 안에서, 그 어떤 시련도 없이 그 어떤 아픔 없이 살아왔습니다. 어린 시절을 돌이켜보면 매화교회까지, 산 넘고 논두렁을 건너가서 예배를 드리고 놀고 기도하며 교회 안에서 재밌게 지냈습니다.

그러던 중 매화교회 40주년을 기념하며, 지교회로 도창교회를 세우게 되었습니다. 그때 저는 막 고등학교를 졸업한 갓 20살이었습니다. 개척 당시 청년으로는 상명 누나, 상일이 형, 작은 형, 나. 이렇게 4명이었습니다. 저는 성가대 지휘를 맡게 되었습니다. 그러나 개척교회란 곳에 적응하기가 쉽지 않았습니다. 그전의 매화교회에서의 학생회 친구들 곧 청년부로 올라가는 친구들을 부러움의 눈으로 바라볼 뿐이었습니다. 내가 생각하는 청년부는 이게 아닌데 하면서 그렇게 1년이 조금 지났지만 교회는 그리 변화되지 않았습니다. 그래서 저는 도피처로 군대를 지원

했습니다.

군대에서 저는 훈련병 시절 외에는 교회에 가지 않았습니다. 핑계 아닌 핑계였죠. 민간인 교회로 가야하는 상황이라 쫄병 때는 눈치땜에 못 갔고, 고참이 되어서는 '굳이 갈 필요 있냐' 하며 안 가게 되었습니다. 그러다 제대를 했습니다. 제대한 저는 교회 보다는 세상이 좋았지만 나가려해도 갈 곳도 오라는데도 없었습니다. 교회는 제가 군대 가기전과 크게 변하지 않았습니다. 그래서 저는 교회 가기는 싫고 거기에 메이는 것도 싫고 딱히 같이 지낼 친구도 없고 신앙을 보듬어 줄 친구도 없다는 핑계로 교회에 충실하지 않았습니다. 내가 원한 청년시절은 이게 아닌데, 학생회 때 같이 지낸 친구들은 다들 매화교회에 있고 밖에서는 만나지만 교회에서는 어울리기가 힘든 상황이라 보이지 않게 믿음의 갈등을 겪었습니다. 마음 한구석으로는 공허하기도 했습니다. 그런데도 하나님께서는 저를 성가대 지휘자로 세우셨습니다. 그리고 저는 거기에 순종했습니다. 그렇게 청년 시절을 보냈습니다.

저의 아동부와 학생회 시절은 정말 평안했습니다. 할머니께서 기도로 눈물로 물질로 심으신 신앙 안에서, 아버지와 어머니께서 다져 놓으신 그 신앙의 길을 아무런 수고 없이 아무런 문제없이 잘 보냈습니다. 신앙의 울타리 안에서 믿음의 유산을 쓰면서 말입니다. 그러다 드디어 결혼할 때가 되어 지금의 아내를 만나게 되었습니다. 저는 첫눈에 이여자다 싶어서 교회에 와서 '저 여자를 제게 주십시오' 하며 기도했습니다. 은혜로운 하나님께서는 응답해 주셨습니다. 그런데 저희에게는 큰 산이 있었습니다. 그것은 신앙의 차이였습니다. 서로 다른 생각으로 서로의 믿음만을 주장했지만 하나님은 다르셨습니다. 하나님의 인도 가운데 결혼을 하게 되었지만 얼마 후 교회 문제로 다툼이 벌어지기 시작했습니다. 나는 내 교회로 아내는 아내 교회를 가자하던 싸움은 3년 가까이 진행되었습니다. 제 아내는 믿음으로 하나만 되면 자기는 어디든 가겠다고, 먼저 자기를 따라달라고 그러면 어디든 나와 함께 한다고 말했지만 저는 그걸 믿을 수 없었습니다. 그렇게 3년쯤 되어 제가 아내교회로 가기로 결정했습니다. 부모님과 등지고 형제와 교회와 그 외에 모든 사람들에게 아픔을 드렸습니다. 못났단 소리도 듣고, '너는 거기서 못 나온다.' '네 아내가 거길 나올 것 같냐.' 며 다들 저를 말렸습니다. 하지만 차마 내 아내와 아이들을 버릴 수는 없었습니다.

그렇게 예지 막내를 낳고 저희는 다니던 직장이 멀어서 다니기 힘드니 하상동 아파트로 가던지 아님, 성대 옆에 아파트로 가던지 하기로 하고 계획하고 있었습니다. 그런데 그때 처남이 사업을 제안해 왔고 직장 생활이 지겹기도 하고 돈도 너무 적어서 고민하던 중이여서 흔쾌히 받아드려 우역곡절 끝에 양평에 가게를 차리게 되었습니다. 어떻게 보면 우리 부부가 마음이 하나 되어 시작하는 신앙생활이기도 했습니다. 서로 이해하고 감싸주고 보둠어 주며 믿음이 없던 처남 내외에게 믿는 이의 본을 보이게 되었습니다. 가게 아르바이트 아이들도, 직원들도, 주변 분들도 우리 부부를 보며 부러워했습니다.

그러던 중 주일을 못 지키는 가게 특성이 처음에는 조금 마음에 걸리더니 나중에는 아무 감각이 없어졌습니다. 그러다 하나님께서는 저희들에게 영혼의 갈급함을 주시며 하나님의 음성에 귀기울이게 하셨습니다.

그리고 말씀하셨습니다. 할머니께서, 아버지, 어머니께서 물려주신 믿음의 유산으로, 하나님을 당연히 섬기고 알고 믿게 되었던 넌데, 그래서 평안하게 지냈던 넌데, 그 믿음의 울타리 덕에 나쁜 길로 가지 않았던 너인데, 너는 아이들에게 어떤 믿음의 유산을 남겼고 어떤 울타리를 쳐 놓았냐고 말입니다. 말씀 하시는데 정말 충격이었습니다. 그래서 저는 아내의 말대로 직장 생활을 하던 무엇을 하던 믿음의 유산을 남기자는 맘으로 떠나기로 했습니다. 그랬더니 하나님께서는 살길을 열어 주셨습니다. 서울에서 가게를 하게끔 말입니다. 그래서 어차피 올라가는 거 집이 있는 시흥으로 가자해서 이사 오게 되었고 이렇게 다시 도창교회를 나오게 되었습니다.

어찌 보면 결혼과 동시에 이 교회에 있을 수도 있었는데 돌고 돌아 이곳에 왔습니다. 그런데 저는 결코 그 길이 헛되고 아깝다 생각하지 않습니다. 저와 제 아내가 하나 되어 하나님의 일꾼 되게 하시고 믿음을 성장케 해 주셨으며, 믿음의 절실함과 하나님의 살아계심, 역사하심을 알게 하신 것 같습니다. 모태 신앙으로 알 수 없었던 신앙생활을 돈독히 할 수 있었습니다. 그래서 항상 주님께 민감하게 반응하려 하며, 하나님의 뜻을 좇아가며 살아가려합니다.

이번 이 간증을 통하여 다시금 내 자신을 돌아보게 되니 감사합니다. 어려서는 그리고 처음에는 답답하고 고지식하고 너무 고집 센 아버지가 이해가 안가고 싫었는데 지금은 저의 롤모델이 되었습니다. 너무도 자랑스럽고 본받고 싶습니다. 우리 가정의 가훈은 하나님께 영광과 기쁨 드리고 모든 이들에게는 본이 되며 존경 받는 자가 되자 인데 지금의 아버지가 이런 모습이 아닐까 생각합니다. 나 역시 믿음의 아버지, 믿음의 울타리, 믿음의 본이 되는 자가 되길 기도하며 노력하겠습니다. 어머니 또한 기도해 주시며 길러 주셔서 감사하며 기도로 가정을 이끌어 가는 제 아내에게도 감사합니다.

마지막으로 언제나 항상 제 곁에서 저를 도우시는 하나님! 지키시는 하나님! 감사 드리며 영광 올려 드립니다. 할렐루야!

내게 능력주시는 자 안에서

윤 정 숙 집사

"내게 능력주시는 자 안에서 내가 모든 것을 할 수 있느니라" -빌립보서 4:13-

제가 좋아하는 성경구절입니다. 언제부터인가 저는 제가 하는 모든 일이 나의 능력과 뜻이 아니라 주님의 뜻과 주님의 이끄심이라는 것을 느끼게 되면서부터 이 말씀을 좋아했습니다. 개인적인 "나"라는 존재가 내 맘대로 할 수 있는 일은 결국 아무것도 없음을...

1996년 5월 도두머리에 위치한 엘림사랑방(현재 엘림요양원)이라는 곳과 인연을 맺으면서 시흥시에 그리고 매화동에 터를 잡고 살기 시작했습니다.

시골정서에 익숙한 저는 낮은 야산이 있고, 더 넓은 대지가 있고, 샛강이 흐르는 도창동이라는 곳이 고향 같은 넉넉함을 주어 많은 위로가 되었습니다.

그리고 그 무렵 10여 년 동안 휴면기에 들어가 닫혀 있던 제 신앙의 문도 차츰 열리기 시작했습니다. 그래서 스스로 찾아 나섰던 곳이 "도창교회"입니다.

아마도 같은 해 10월쯤으로 기억된다. 논과 밭, 산 등 시골 풍경을 두루마리처럼 두르고 자리 잡은 도두머리의 작은 교회, 방석을 깔고 마루바닥에 앉아 예배를 드리던 소박하고 정겨웠던 교회, 우리 도창교회와의 인연은 그 무렵쯤 황금벌판으로 추수를 막 앞두고 있을 당시 그렇게 기대와 설레임으로 시작 되었던 것 같습니다.

세월로 따지면 벌써 17년째 함께하고 있지만 신앙은 여전히 자라지 못하고 일곱 살 어린 꼬맹이 신앙으로 남아 있습니다.

그런 부족한 사람임에도 불구하고 목사님의 관심과 끊임없는 영적인 케어 속에 조금씩 조금씩 성장하고 있는 자신을 보면서 하나님의 자녀 됨이 기쁘고 감사하기만 합니다.

그리고 무엇보다도 우리나라 개신교회의 수가 6만이 넘는다고 합니다. 그 많은 교회가운데, 도창교회의 성도로 살아가게 하신 뜻이 분명 있을 것이라 믿습니다.

결국은 내 의지로 교회를 찾아간 것이 아니라 하나님의 뜻하신 목적에 의해 도창교회로 주님께서 인도해 주셨음을 세월이 흐른 지금에야 조금씩 알 것도 같습니다.

1996년 9월 도창교회를 만난 것도, 김주석 목사님을 만난 것도, 교우들을 만난 것도, 엘림양로원을 만난 것도, 그리고 현재 다시금 지금의 엘림요양원을 맡아 일하는 것도 모든 것이 결코 우연이 아님을....

오늘도 나는 하나님의 또 다른 계획에 기대를 품게 됩니다.

지역을 섬기고 이웃사랑을 실천하는 교회!

말보다는 행동으로 보여주는 교회!

성도로서는 이보다 더 큰 축복의 장소가 없을 것 입니다.

저는 도창교회 성도로 살아가는 것에 자부심을 느낍니다. 우리교회가 자랑스럽습니다.

어느덧 도창교회가 이 지역사회와 함께 한 세월이 20년이 되었습니다. 30년, 50년 100년 우리가 이 땅 위에 살지 않더라도 믿음의 후손들이 지금의 도창교회의 뜻을 이어받아, 앞으로 100년의 미래를 꿈꾸길 기대해 봅니다.

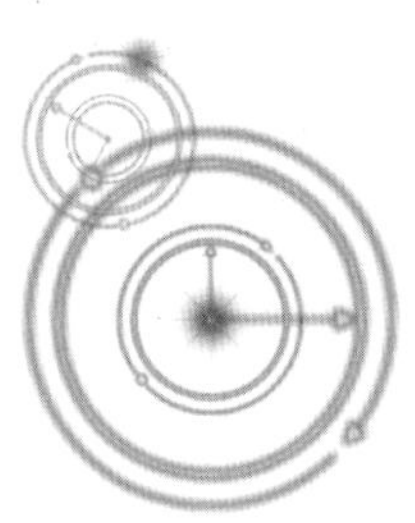

사진으로 보는 도창 20년

사진으로 보는 도창 20년

▲1차건축기공예배(1993년)

▲1차성전헌판식(1993년)

▲

창립예배(1993년)▶

▼

▲1차 성전건축 기공예배(1993년)

사진으로 보는 도창 20년

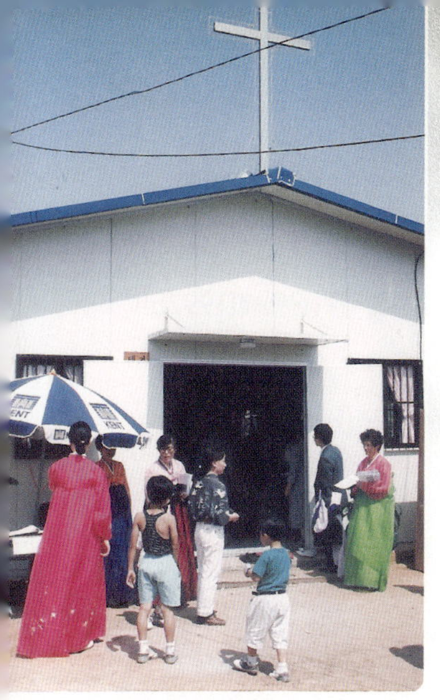

1차건축봉헌예배(1993년) ▲

▲ 1차건축봉헌예배(1993년)

▲
창립멤버들(1993년) ▶
▼

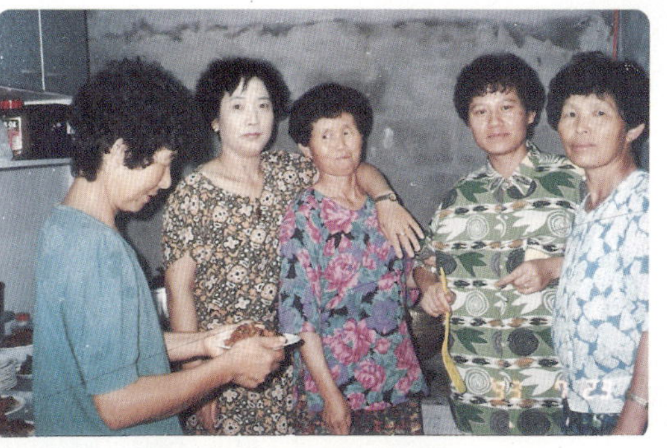

▼ 기도회(1994년)

사진으로 보는 도창 20년

▲2차건축기공예배(1997년)

▲2차건축기공예배(1997년)

▲2차성전봉헌예배(1997년

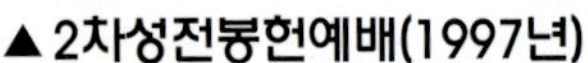

▲2차성전봉헌예배(1997년)

▲가족찬양제(2001년)

▲기관별찬양제(2001년)

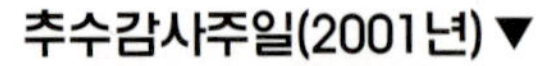

추수감사주일(2001년)▼

▼추수감사주일(2001년)

사진으로 보는 도창 20년

▲ 창립10주년 마을농악대축하공연(2003년)

▲ 매화청소년백일장(2009년)

▲ 호조벌청소(2012년)▶

▲ 권사취임예배(2012년)

▲ 사랑의 음악회(2012년)

▲ 캄보디아샬롬하우스건축(2012년)▶

사진으로 보는 도창 20년

▲ 창립20주년 기념주일(2013년)

▲ 창립20주년 기념주일(2013년)

▲ 창립20주년 기념주일(2013년)

◀ 창립20주년 기념주일(2013년) ▲

▲ 창립20주년 기념주일(2013년)

▲ 창립20주년 기념주일(2013년)

사진으로 보는 도창 20년

매화봉사상시상식(2013년)

▲전교인 여름수련회(2013년)

도창교회창립교인들(1993년)

사진으로 보는 도창 20년

▲부활주일▶

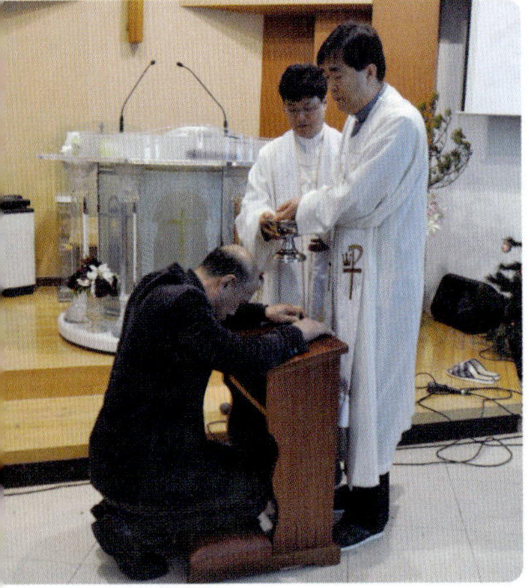

▲세례식

▼헌신예배▶

사진으로 보는 도창 20년

◀ 임직예배

◀ 척사대회 ▼

▲ 여선교회나들이

▼ 성탄축하예배 ▶

도창교회 오늘의 모습

▲ 김주석 담임목사님 내외분

▲ 정대형 부담임목사님 내외분

▲ 장로님들 (박창현장로, 백승학장로, 이병완장로)

▲ 남녀권사

▲ 청장년선교회 · 남선교회 회장

▲ 각부부장
(선교, 교육, 문화, 재무, 관리, 사회봉사부)

▲ CM장

▲ 찬양대

▲ 찬양단

▲ 교사

▼ 학생부

초등부▲

도창교회 연혁

1992.

12. 27 도창동 개발 계획에 따라 매화교회 창립 40주년 기념으로 도창동 3속을 중심으로 교회를 세우기로 결의하다.

1993.

2. 1 초대담임교역자로 김주석 전도사 부임
3. 14 백승학 장로 자택에서 도창중앙교회 창립 예배
5. 9 첫 예배를 드림
6. 6 도창동 315-2,3 번지 백창흠씨 밭을 임대 조립 30평 성전건축 봉헌

1994.

2. 13~16 부흥회 박기서 목사 (밀알교회)
9. 18 포도감사주일
10.24~12. 4 42일 작정기도회

1995.

2. 28~3. 1 부흥회 박기서 목사 (밀알교회),
9. 포도감사주일 예배

1996.

도창겨울학교 시작
한글학교 (1995. 12. 18 ~ 1996. 2. 29. 3개월간)
교양교실 (1995. 12. 20. 매주 수요일 11주간)

1. 7~4. 21 100인의 기도후원자 모집 (103번 류학렬 목사)
2. 8 40일 철야기도회
3. 22 김주석 담목회자 중부연회에서 목사 안수 (계산 중앙교회)
7. 7 첫 기관별 찬양제
10. 8 성전 대지구입 계약 (도창동 361-2,3번지 85평)
11. 1~30 성전대지 구입을 위한 특별새벽기도회
12. 7 젊은 부부 초청의 밤
12. 17~1997. 2. 28 도창겨울학교 한글반(화, 목, 토)

1997.

3. 3~6 부흥회 이천휘목사 (부평제일교회)
9. 제 1회 포도감사주일 및 사랑의 포도 나누기 시작
11. 새성전 건축 기공

1998.

2. 1~4 부흥회 서철목사 (복지 교회)
3. 1 성전 건축을 위한 40일 릴레이 기도회
4. 19 새성전 봉헌예배
5. 24 전교인 야외 예배 및 체육대회
6. 14 교회 신문 쉴만한 물가 발간
9. 6 제 2회 사랑의 포도 나누기
9. 20 재한 외국인 선교회 김동환목사 파송예배
11. 1 제 1회 전교인 체육 대회 (시온교회 운동장)
11. 21 도두머리 음악회 (서울신대 앙상블), 도창중앙교회에서 도창교회로 교회 명 변경

1999.

1. 10 도창선교원 개원
1. 3 도창선교문화센터 개강
4. 5~8 부흥회 박성한 목사 (안국교회)
6. 13 제 2회 도두머리 음악회 (필로스 싱어즈, 정찬학)
9. 2 포도감사 주일 및 제3회 사랑의 포도 나누기
10. 30 도창교회, 시온교회, 살림교회 연합 운동회 (한인고등학교)

11. 22 도창한글학교 개교
12. 12 부부 사랑축제 (여보 사랑해요)
- 카페 들숨 날숨, 강사:김대동 목사
12. 19 제 3회 도두머리 음악회
(한길체임버 오케스트라)

2000.
12. 김동환 목사 선교사 파송 (영국)
12. 10 제 4회 도두머리 음악회
(테너 김동섭, 가야금 이화연)

2001.
8. 이혜숙 선교사 파송 (중국)
11. 25 제 5회 도두머리 음악회
(골든 브라스 앙상블(관현악 5중주))

2002.
3. 4 제일상가 3층 302호
(도창동 385-4, 25평) 구입
7. 14 도창복지문화센터 개소 및 우리마을
작은 도서관 개관 (유성준 목사설교)
12. 15 제6회 도두머리 음악회
(나윤규 교수 및 앤덤씽어즈)

2003.
5. 25 창립 10주년 감사 예배 및
이병완 장로취임
11. 30 제 7회 도두머리 음악회
(소프라노 이현정 외 2인 콘써트)

2004.
5. 향기 나는 생각 전도 시작
5. 29 제 2회 매화꽃 어린이 사생대회 및
백일장
11. 8 제8회 도두머리 음악회(시흥교향악단
현악 4중주, 하늘빛 소리 수화팀)
12. 12 도창세계선교대회
(강사:김진해 이스라엘 선교사)

2005.
2. 21~24 도창사역축제 (21일 장로,
2. 22일 권사. 집사,
23일 남녀선교회, 임원 2. 23일 교사)
5. 15 야외예배 (시온교회)
6. 4 제 3회 매화꽃 어린이 사생대회 및
백일장 (매화소공원)
6. 10~17 중국 선교(담임목사, 이인구집사)
8.1~3(2박3일) 제 2회 전교인 수련회
(강원도 정선 임계면 낙천리 낙천교회)
12. 11 도창세계 선교대회
(강사:정종무 선교사 C국)
12. 18 제9회 도두머리 음악회 - 경기민요
(김수연, 고경록, 경기민요 합창단)

2006.
1. 15~23 도창사역축제(15일 속회지도자,
21일 교사, 22일 찬양대 및
찬양단 23일 임원)
2. 26~3.1 부흥회 강사 : 박용호목사
(부천내동교회)
3. 12 창립 13주년 감사 및 박창균장로
취임 예배
5. 28 알파 2기 수료식
8. 7~12 중국 단기선교
9. 10 제 10회 사랑의 포도 나누기
9. 18 무료법률상담 시작
(월 1회. 계영석 변호사)
11. 26 제 10회 도두머리 음악회
(아가페 팝스 오케스트라)
매화초 한빛 체육관

2007.
7. 22~27 필리핀 단기 선교
7. 11 담임 목사 안식년
12. 16 제 11회 도두머리 음악회
(아가페 앙상블 중창단)

2008.

1. 13 제 3회 매화봉사상 시상(김종숙)
8. 14~16 전교인 수련회
(영흥도 신은교회 수양관)
9. 16 제 12회 사랑의 포도 나누기
9. 21~24 부흥회 안혜권 목사
(미국 뉴욕 열방교회)
9. 21~12. 31 100일 릴레이 특별 기도회
11. 9 김완영, 김국화 선교사 파송 (케냐)
12. 7 제 12회 도두머리 음악회
- 아미쿠스 중창단
- 남성아카펠라 (은행동 평생학습관)

2009.

1. 4~7 신년 축복 성회 김주석 목사
1. 케냐 어린이 후원 시작
3. 22 도창문화센터 개소
(논술, 주산, 기타, 드럼)
3. 29 도창전도대 파송 (상가팀, 장터팀)
5. 23 제 4회 매화꽃 청소년 백일장 및
사생대회
8. 4~7 제주 단기선교
9. 13 제 13회 사랑의 포도 나누기
10. 31 남성만의 축제
11. 21 제일상가 301호 임대
11. 28 제13회 도두머리 음악회
(경기도립 리듬 앙상블,
카리스 색소폰 선교단)
11. 29 가족 봉사단 창단
12. 27 예배 학교

2010.

1. 2 도창복지 문화센터 다문화 여성 및
외국인 노동자 한글학교 개교
1. 8~10 부흥회 김성진 목사
(목회컨설팅 연구소 소장),
1. 17 기도의 파수꾼 (저녁기도회)
3. 17 신천임원 임직식 - 강사:조은호 목사
8. 5~7 전교인 수련회 (태안 연포교회)
9. 5~10. 9 교회 외관 리모델링
9. 14 제 14회 사랑의 포도 나누기
10. 11~20 제 1차 성지 순례
(이스라엘, 이집트, 요르단)
10. 16 제 6회 매화꽃 어린이 사생대회 및
백일장 (호조벌 축제)
12. 11 제 14회 도두머리 음악회
(에어플룻 앙상블, 빨간 등대)

2011.

1. 3~16 새해맞이 특별 새벽기도회
1. 16~19 부흥회 이홍중 목사
(부천남부교회)
1. 16 사랑의 쌀 나누기
3. 1~5. 31 성경통독 새벽기도회 (구약)
1000시간 기도 및 릴레이
기도 시작
9. 1~11. 30 성경통독 새벽기도회 (신약)
9. 11 제 15회 사랑의 포도 나누기
10. 6 효 사랑나눔잔치
(도창교회, 엘림요양원, 매화교회)
10. 29 제 15회 도두머리 음악회
(박경숙 프르미에르발레단 :
(해설이 있는 호두까기 인형)
11. 6 가을 운동회 (매화중학교 운동장)
12. 5~9 캄보디아 선교 답사
12. 1~31 제 1회 사랑의 쌀 나누기

2012.

1. 2~5 부흥회 유성준 목사
(협성대 교목실장)
3. 14 창립 19주년 감사 및
신천 임원 임직 예배
3. 14 창립20주년 기념 사업 준비위원회 구성
(위원장:백승학장로, 위원:김병남권사.
강영구 권사. 장성구 집사. 오상임 권사.
운정숙 집사. 박상명집사)
4. 9 성경통독
4. 29 캄보디아 선교회 창립 예배

(부천복지, 도창, 고강제일,
신기, 성민, 은강, 신광, 부천, 벧엘,
부천남부교회)

5. 12~6. 9 시흥 16기 아버지 학교
5. 20 자녀교육세미나 – 박윤희사모
"딸은 엄마보다 한 발짝 느리다."저자
6. 24~29 캄보디아 샬롬 하우스 봉헌
7. 호조벌 청소 시작
8. 15~16 연합신앙강좌 강사 : 김동환 목사
(영국 감리교회 정회원)
9. 9 제 16회 사랑의 포도 나누기
9. 15 제 8회 매화꽃 어린이 백일장 및
사생대회
10. 18 효 사랑 나눔잔치
11. 17 제 16회 도두머리 음악회 (하트체임버
교향악단 – 시각장애우로 구성)
12. 2 외국인 한글학교 수료 (7명)
12. 23 정대형 부담임 목사 부임
(전성숙 사모)
12. 30 제 4회 매화봉사상 시상
(이인숙 – 매자봉 밑반찬팀장),
(1회 이호석, 2회 김천호, 3회 김종숙,
4회 이인숙)
12. 사랑의 김장 나누기
12. 1~31 제 2회 사랑의 쌀 나누기

2013.

1. 6 임원 임명 예배
1. 7 간증 새벽기도회 시작
1. 27 창립 20주년 기념사업 결정
창립 20주년 감사 예배
창립 20주년 교회 비전 세우기
깨끗한 호조벌 만들기
창립 20주년 기념 땅 한 평사기 운동
장학회 설립, 아프리카 모기장 보내기
도창주일 강단 시작
창립 기념 전도 축제 (전 · 후반기)
무료급식, 기념 성회, 김종호목사

2. 25~28 창립 20주년 기념 성회,
강사 김종호 목사 (계양중앙교회)
3. 4~30 사순절 릴레이 금식기도회
3. 17 창립 20주년 감사 예배
4. 11~5. 12 시흥 17기 아버지 학교
4. 14~6. 30 전반기 새생명 전도축제
5. 26~29 개척성도 제주 나들이
6. 16 도창김영남 장학회 설립
8. 1~3 전교인 여름 수련회
(강원도 평창 수련원)
9. 8 제 17회 사랑의 포도 나누기
9. 27 제 17회 매화꽃 어린이 사생대회 및
백일장
10. 6 이혜숙 선교사 청년담당 부임
10. 10 제 9회 효사랑 나눔 잔치
(매화교회 비전센터)
10. 20~12. 25 하반기 총동원 전도축제
11. 16 제 17회 도두머리 음악회 (노름마치
예술단) – 아프리카 모기장 보내기
11. 30 제 3회 사랑의 김장 나누기
(시흥 YMCA, 엘림요양원, 도창교회)
12. 1~31 제 3회 사랑의 쌀 나누기
12. 25 총동원 전도주일
창립 20주년기념 간증집 발간
12. 29 제 5회 매화봉사상 시상

도창교회 교회가

노인기 작곡
김주석 작사

하나 님손 으로 지으신 교회 참된 소망 나누는진리의
- - - - - - - - - - - 지친 영혼 세우는성령의
하나 님손 으로 지으신 교회 죽은 생명 살리는생명의
- - - - - - - - - - - 상한 마음 감싸는사랑의

5
교회 어두 워진이땅에 빛 이된는 세상
교회 썩어 가는이땅에 소 금되는
교회 험한 세상이땅에 방 주되는 세상
교회 메 - 마른이땅에 생 수되는

9
가장아름다운 교 회 우 리 몸과맘 성결하게
가장아름다운 교 회

14
서로섬김으로 따 뜻 하 게 사랑으로하나된 즐 거움있는곳 세상

18
가장아름다운교회